城乡统筹发展背景下的重庆市农村劳动力转移研究

张焕英　著

科学出版社
北　京

内 容 简 介

　　农村劳动力从传统农业部门向现代非农产业部门转移是我国推进工业化、城市化与现代化进程的必然要求，也是化解"三农"问题、促进经济结构由二元经济结构向一元经济结构转型的必由之路。重庆市作为西部地区唯一的直辖市，其经济社会发展具有显著的城乡二元结构特征，在城乡统筹发展过程中开创性地探索出促进农村劳动力转移的重庆模式是一个值得深入研究的重要课题。

　　本书以发展经济学为理论基础，运用结构主义和新古典主义研究范式，揭示出城乡统筹发展与农村劳动力转移的内在机制，通过重庆市农村劳动力转移的历史沿革、现状、问题及其经济效应的剖析，利用产权制度理论构建契合重庆市特殊市情的多元协同的促进农村劳动力稳定、持续、有效转移的政策框架。

　　本书适合从事相关研究的学生、教师等各类研究者以及相关政府实践管理者参考使用。

图书在版编目(CIP)数据

城乡统筹发展背景下的重庆市农村劳动力转移研究/张焕英著. —北京：
科学出版社，2018.6
　　ISBN 978-7-03-058013-9

　　（西南大学政治与公共管理学院学术文丛）

　　Ⅰ. ①城… Ⅱ. ①张… Ⅲ. ①农村劳动力-劳动力转移-研究-重庆

Ⅳ. ①F323.6

　　中国版本图书馆 CIP 数据核字（2018）第 131367 号

责任编辑：刘英红　易嘉宁/责任校对：贾伟娟
责任印制：吴兆东/封面设计：黄华斌

科学出版社 出版
北京东黄城根北街 16 号
邮政编码：100717
http://www.sciencep.com

北京虎彩文化传播有限公司 印刷
科学出版社发行　各地新华书店经销
*

2018 年 6 月第 一 版　开本：720×1000　B5
2018 年 6 月第一次印刷　印张：9 1/4
字数：200 000
定价：66.00 元

（如有印装质量问题，我社负责调换）

目　　录

绪论　　　　　　　　　　　　　　　　　　　　　　　　　　　　1

第1章　城乡统筹发展与农村劳动力转移：一个理论框架　　5
　　1.1　相关概念的诠释　　　　　　　　　　　　　　　　　　5
　　1.2　基础理论的溯源　　　　　　　　　　　　　　　　　　13
　　1.3　城乡统筹发展与农村劳动力转移的互动关系　　　　　18

第2章　重庆市农村劳动力转移的历史沿革　　　　　　　　23
　　2.1　转移波动时期：1978～1996年　　　　　　　　　　　24
　　2.2　转移平稳阶段：1997～2002年　　　　　　　　　　　26
　　2.3　转移增强阶段：2003～2009年　　　　　　　　　　　28
　　2.4　转移加速阶段：2010～2016年　　　　　　　　　　　29

第3章　重庆市农村劳动力转移的现状与问题剖析　　　　33
　　3.1　重庆市农村剩余劳动力的数量估测　　　　　　　　33
　　3.2　重庆市农村劳动力转移的分布特征　　　　　　　　39
　　3.3　重庆市农村劳动力转移的问题剖析　　　　　　　　47

第4章　重庆市农村劳动力转移的经济效应：基于地区、
　　　　产业与农民的维度　　　　　　　　　　　　　　　55
　　4.1　重庆市农村劳动力转移的再配置效应　　　　　　　57
　　4.2　重庆市农村劳动力转移的产出效应　　　　　　　　66
　　4.3　重庆市农村劳动力转移的收入效应　　　　　　　　72

第 5 章　重庆市农村劳动力转移的影响因素：模型构建与实证检验　81

    5.1　农村劳动力转移理论模型的构造　84

    5.2　农村劳动力转移影响因素的实证检验　90

第 6 章　国内外农村劳动力转移模式的述评与经验借鉴　98

    6.1　农村劳动力转移的国际经验借鉴　98

    6.2　农村劳动力转移的国内经验借鉴——以成都为例　102

第 7 章　城乡统筹发展背景下重庆市农村劳动力有效转移的长效机制设计　107

    7.1　农村劳动力转移影响因素的理论模型：一个制度拓展　108

    7.2　城乡统筹发展背景下重庆市农村劳动力转移的长效机制设计　113

    7.3　重庆市农村劳动力转移的案例分析：以江北区双溪村为例　119

第 8 章　城乡统筹发展背景下重庆市农村劳动力转移的促进：基于政府主导的多元政策协同　122

    8.1　重庆农村劳动力转移促进的制度体系构建：界定政府角色　122

    8.2　促进重庆市农村劳动力有效转移的政策取向　124

    8.3　重庆市农村劳动力转移促进的制度体系：政府主导的多元政策协同　125

参考文献　136

从世界各国来看，无论是欧美等已经完成工业化的发达国家，还是正在推进工业化进程的亚非等发展中国家，在其工业化和经济发展初期都普遍面临着农村落后、农业滞后与农民贫困的"三农"问题。对于人口众多、地域辽阔双重意义上的大国——中国来说更是如此。中国不仅是一个发展中的农业大国，也是一个人口大国，人口约占世界总人口的1/5。2005年我国乡村人口占总人口的57%，到2015年，这一比例仍然高达43.9%；占总人口43.9%的乡村人口所在的农业，吸收了占全国就业人数的28.3%的人口，但仅创造了8.9%的国内生产总值（GDP）。①不仅如此，中国还是如刘易斯（W. A. Lewis）、费景汉（G. H. Fei）和拉尼斯（G. Ranis）等发展经济学家所定义的传统经济（传统部门）和现代经济（现代部门）并存的二元经济国家。这种二元经济结构特征不仅强化了"三农"问题的严重性，而且其本身也代表着一种经济欠发达的状态，这一状态将始终伴随着我国经济社会体制改革的全过程。正如党的十六大报告所指出的，"城乡二元经济结构还没有改变，地区差距扩大的趋势尚未扭转，贫困人口还为数不少"。党的十八大、十九大报告也指出：城乡区域发展差距和居民收入分配差距依然较大。

改革开放以来，尽管中央政府采取了诸多化解"三农"问题的政策措施，如家庭联产承包责任制的推广、农产品流通体制的改革、农业农村经济结构的调整以及农业财政投入的增加、社会主义新农村的建设等，并且自2004年开始每年的中央"一号文件"都会涉及"三农"发展问题，但这些政策措施的运行效果还不

---

① 国家统计局. 2016. 2016 中国统计年鉴. http://www.stats.gov.cn/tjsj/ndsj/2016/indexch.htm[2016-11-12].

够理想，使得"三农"问题日益累积和凸显，这突出的表现在城乡收入差距上。1980年、2007年、2013年、2015年的城乡可支配收入比例分别为2.50、3.33、3.03、2.73；相应年度的城乡消费支出比例则分别为2.75、3.67、2.52、2.32[①]，如果考虑到城镇居民在医疗卫生、社会保障以及教育等方面所享受的补贴，城乡收入差距将更大。而世界上多数国家的城乡收入比例一般为1.5倍左右，如韩国等国家在经济起飞时期，城镇居民可支配收入一般是农村居民的1.4~1.6倍。较大的城乡收入差距印证了我国二元经济结构特征与"三农"问题的叠加效应，使问题解决的可能性更小。

如何实现我国经济结构由二元向一元转化？如何化解长期以来的"三农"问题？美国经济学家刘易斯（Lewis，1954）最早提出了二元结构转型的路径，即将传统农业部门的剩余劳动力不断向现代工业部门转移，而现代工业部门则可以通过资本积累以创造出新的就业岗位来吸纳从传统农业部门转移出来的剩余劳动力。费景汉和拉尼斯（Fei and Ranis，1961）则进一步指出，在二元经济结构中，发展问题的核心就在于将经济重心从农业部门逐渐移到工业部门，这样一个过程可以通过两个部门间劳动力的重新配置以促进工业产出和就业来实现。可见，传统农业部门的剩余劳动力向非农产业部门和城市的转移是促进二元经济结构向一元经济结构转型的主要出路。随着农村剩余劳动力的转移，传统农业部门的人口比重才得以下降，可有效缓解传统农业部门的人地矛盾，逐步提高农业劳动力的生产效率，最终使传统农业部门劳动的边际生产率趋近于现代非农产业部门劳动的边际生产率，两部门的发展水平也由此逐渐趋于均衡。这就意味着，农村剩余劳动力转移将是我国二元经济结构转型、实现城乡统筹发展的重要举措，也是化解"三农"问题的有效途径。吴敬琏（2002）所指出的，实现大量农村剩余劳动力向非农产业的转移，是各国解决"三农"问题、顺利实现工业化和城市化的中心环节。党的十六届三中全会明确提出了"坚持以人为本，树立全面、协调、可持续的发展观，促进经济社会和人的全面发展"的全新发展理念，并强调"按照统筹城乡发展、统筹区域发展、统筹经济社会发展、统筹人与自然和谐发展、统筹国内发展和对外开放的要求"等"五个统筹"进一步推进改革与发展。[②]党的十八大、十九大也提出要进一步统筹城乡发展。具体到

① 国家统计局. 2007. 2007中国统计年鉴. http://www.stats.gov.cn/tjsj/ndsj/2007/indexch.htm[2011-07-19].
② 中华人民共和国中央人民政府.2008.中共中央关于完善社会主义市场经济体制若干问题的决定. http://www.gov.cn/test/2008-08/13/content_1071062.htm[2011-07-06].

本书研究的主题，就是基于"五个统筹"特别是城乡统筹的理念，促进农村劳动力的有效转移，以此突破二元经济结构的瓶颈，实现城乡经济社会的和谐与一体化发展。

　　重庆市作为西部地区唯一的直辖市[①]，具有集大城市、大农村、大库区、大山区以及民族地区于一体的特殊市情，城乡二元经济社会结构矛盾十分突出，"三农"问题较为严重。在 1997 年被设立为直辖市时，重庆市户籍统计的总人口为 3042.92 万人，其中，农业人口 2448.34 万人，占总人口的 80.5%，到 2015 年，农业人口仍然有 1980.82 万人，占比仍然高达 58.7%；而被设立为直辖市以来，重庆市 GDP 增加值的三次产业贡献率之比从 1997 年的 5.3∶53.2∶41.5 变为 2015 年的 2.7∶49.4∶47.9[②]，虽然都是"二、三、一"结构，但农业的贡献率持续走低。从城乡常住居民收入与消费来看，2015 年城镇常住居民人均可支配收入是农村的 2.59 倍，城镇居民人均消费支出是农村的 2.2 倍，收入差距也十分明显。[③]

　　鉴于重庆市的地理环境与经济发展基础，被设立为直辖市后的重庆市在我国经济版图中的作用也越来越明显。2007 年 3 月胡锦涛同志提出了"314"总体部署，重庆市被定位为"西部地区的重要增长极、长江上游地区的经济中心、城乡统筹发展的直辖市，在西部地区率先实现全面建设小康社会目标"[④]，2007 年 6 月重庆市又被批准为全国统筹城乡综合配套改革试验区。这旨在通过重庆市的大胆探索与实践，为全国特别是西部地区破解"三农"问题、解决城乡统筹难题提供借鉴与示范。在此背景下，研究农村劳动力转移问题具有重要的理论价值和现实意义。这将有助于促进农业自身劳动生产率的提高，提升重庆市整体的劳动生产率水平，以及促进农村居民收入的持续增长，平抑日渐拉大的城乡收入差距，从而渐进化解城乡二元经济结构矛盾，实现城乡经济社会统筹发展。诚然，这也是本书写作的现实考虑。

　　更值得深思的问题是，重庆市目前农村劳动力转移呈现出怎样的特征？重庆

---

　　① 重庆市土地面积 8.24 万平方公里，下辖 38 个区县（26 区、8 县、1 自治县），是中国目前行政辖区最大、人口最多、管理行政单元最多的特大型城市。从经济版图上看，重庆市处于东西接合部，东邻湖北、湖南，南靠贵州，西接四川，北连陕西，是长江上游最大的经济中心、西南工商业重镇和水陆交通枢纽。

　　② 重庆市统计局，国家统计局重庆调查总队. 2016. 重庆市统计年鉴 2016. http://www.cqtj.gov.cn/tjnj/2016/indexch.htm[2016-08-14].

　　③ 重庆市统计局，国家统计局重庆调查总队. 2016. 重庆市统计年鉴 2016. http://www.cqtj.gov.cn/tjnj/2016/indexch.htm[2016-08-14]. 经整理计算而得。

　　④ 价值中国百科.2010.重庆"314"总体部署.http://www.chinavalue.net/wiki/showcontent.aspx?titleid=191162.

市农村劳动力转移与城乡统筹发展内在的关联机制是什么？重庆市农村劳动力转移是否促进了城乡统筹发展或者说其经济效应怎样？重庆市农村劳动力转移又受到哪些因素的影响？我们下一步又该如何制定相应的政策措施促进重庆市农村劳动力稳定且持续地转移？为此，本书遵循"提出问题、建构理论框架、实证分析、解决问题"的逻辑思路与技术路线，试图以发展经济学为理论基础，以结构主义方法和新古典主义方法为综合研究范式，在一个统一的框架中揭示出城乡统筹发展与农村劳动力转移的内在机制，并在重庆市农村劳动力转移机理与影响因素的实证分析基础上，试图基于城乡统筹发展的视域找到契合重庆市特殊市情的多元协同的促进农村劳动力稳定持续转移的政策框架。

第 1 章

城乡统筹发展与农村劳动力转移：一个理论框架

众所周知，理论是行动的指南。探讨城乡统筹发展与农村劳动力转移关系的理论，可以为城乡统筹背景下农村劳动力转移的实证研究和政策设计提供理论指导。而核心范畴内涵与外延的界定，则是深入开展理论与实践研究的前提与基础。为此，本章试图在城乡统筹背景下，在对农村劳动力转移研究涉及的核心范畴进行明确界定的基础上，基于发展经济学视角探讨城乡统筹发展与农村劳动力转移研究的理论基础，并对城乡统筹发展与农村劳动力转移的内在机制做出合理的理论解释。

1.1 相关概念的诠释

核心范畴内涵与外延的界定，是城乡统筹背景下农村劳动力转移理论和实证研究的基础。有鉴于此，本节结合我国的二元经济社会结构特征，对城乡统筹发展、农村剩余劳动力以及农村劳动力转移等核心概念进行了新的诠释，以此明确本书的研究范畴和概念边界。

1.1.1 城乡统筹发展

早在西周时期，我国就已出现"城乡分离，城乡分治"的体制。在几千年的演进过程中，这一体制逐步被强化。中华人民共和国成立以来，建立了以户籍为核心，包括商品供应、教育、就业、医疗、养老、婚育、劳保、兵役等各种制度在内的城乡二元分割制度体系。尽管行政主导型的城乡分离的二元结构从历史上看有一定的必然性，但是在我们的经济和社会已经发生并正在发生着变革的条件下，这种"分离"正慢慢向市场主导型转变。由于城乡差距拉大，各种资源和活动不能在市场机制的作用下实现城乡之间的双向流动，已经成为严重影响经济发展和社会进步的重要因素。

2003 年党中央提出城乡统筹发展战略，这是党中央、国务院为适应全面建设小康社会的新形势和改变城乡二元结构所做出的重大决策。"统筹城乡发展"这一概念的提出有其特殊的经济、制度背景。从经济角度看，农业的基础性地位受到耕地面积逐年减少、水资源污染、生态环境恶化、高素质劳动力缺乏等因素的影响；农业科技水平的开发力度不够导致农业生产效率偏低，也直接导致了农民收入水平低、城乡收入差距大、城乡消费差距大的结果。从制度角度看，以 1958 年通过的户籍管理制度为标志的城乡二元结构的社会管理制度、持续了几十年的统购统销的主要农产品收购政策也剥夺了农业持续发展的动力源泉，在此制度基础上构建起来的社会保障制度、劳动就业制度人为地拉大了城乡差距。改革开放近四十年来，这一制度虽然有所松动，但其制度核心仍需要进一步打破，城乡的均衡发展受到诸多因素的影响。而"统筹城乡发展"这一概念的提出也正是着眼于城乡未来格局的变迁，着眼于我国国民经济未来的持续健康发展。

胡锦涛同志在中共中央第十七次全国人民代表大会上明确指出，必须坚持城乡统筹发展，推进社会主义新农村建设，建立以工促农、以城带乡长效机制，形成城乡经济社会发展一体化格局。[①]国家发展和改革委员会前副秘书长杨伟民进一步具体指出，城乡统筹发展就是要：第一，使农村居民、进城务工人员及其家属与城市居民一样，享有平等的权利；第二，使农村居民、进城务工人员及其家属与城市居民一样，享有均等化的公共服务；第三，使农村居民、进城务工人员及其家属与城市居民一样，享有同质化的生活条件。将对城乡统筹发展的认识提到了新的高度。因此，统筹城乡发展成为解决"三农"问题的根本途径。党的十八大提出，要加大统筹城乡发展力度，增强农村发展活力，逐步缩小城乡差距，促进城乡共同繁荣。2013 年 11 月，中国共产党第十八届中央委员会第三次全体会议通过了《中共中央关于全面深化改革若干重大问题的决定》，该决定提出的"健全城乡发展一体化体制机制"一系列措施为全面统筹城乡一体化发展提供了有力

---

① 中共中央总书记胡锦涛在十七大上的报告（摘要）.http://www.chinanews.com/gn/news/2007/10-15/1049144.shtml[2011-06-18].

的理论依据和政策保障。党的十九大提出，建立健全城乡融合发展体制机制和政策体系，加快推进农业农村现代化。

在理论界，国外学者对城乡关系的研究由来已久，在城乡关系发展的不同阶段先后提出了多种城乡关系理论，如马克思的城乡融合理论、刘易斯的二元经济结构理论、缪尔达尔的二元空间结构发展理论、弗里德曼的中心-边缘理论、配第-克拉克定理和库兹涅茨的产业结构理论；国内学者谷卫（1991）、葛永军（2003）等也对产业结构演变与城乡关系和城市规模的变迁进行了研究。杨立新（2007）、刘荣增（2008）分析了统筹城乡发展的理论演进，更多学者从统筹城乡发展的体制、机制创新角度，结合全国各地的实际做法分析了城乡统筹发展的模式、区域协作、发展评价等方面的研究。

在总结前人研究成果及分析我国实际的基础上，本书对城乡统筹发展总结出如下定义，即城乡统筹发展是基于一体化发展及均衡发展思维，打破城乡二元经济社会结构，使资源、资金、技术、劳动力等生产要素在城乡之间、在不同产业之间实现有序流动和优化配置，实现城乡资源共享、市场共用、优势互补、均衡协调发展，使城乡人民平等地共享社会经济发展成果。以下分述之。

1）城乡统筹发展要整体考虑城市与农村、工业与农业、市民与农民的发展问题，在工业化进程持续推进的同时，生产要素向城市聚集和先进生产要素向农村辐射的"双向运动"，最终实现城乡一体化的融合状态。城乡统筹发展不是简单地提高城市化率，变农民为市民的过程；也不是城市单方面支持农村发展，而是城乡两个经济实体优势互补、共同发展。因此，在城乡统筹发展的过程中，最根本的着眼点是改善农村生产、生活条件，消除城乡人口发展机会上的不平等，有规划、分阶段地改变城乡条块分割、工农分离的局面。

2）城乡统筹发展的核心内涵是实现资源要素在城市和农村之间的自由流动。生产要素的流动是遵循边际规律的，能够将生产要素配置到边际效益最好的用途上去，从而实现社会产出的最大化。城乡统筹发展就是要让生产要素在城市和农村、在工业和农业之间重新配置，不仅要改善农业的落后状态，更要促使各个产业相互衔接，形成良性互动关系。

3）城乡统筹发展的核心原则是坚持市场化导向。城乡统筹发展是一个综合性的技术、经济、社会变革和演进的过程，受到如自然条件、历史因素和政治社会等诸多方面的影响，是一项系统性工程，人为的战略性规划是必要的，能够加快演进的速度，政府通过修正、完善或制定各种相关制度，成为推动城乡筹发展的主导性力量，但从根本上讲，城乡统筹发展是一个"自然的"进化过程。因此，必须坚持市场化原则，通过市场机制约束和激励各种要素，通过"自适性"的调整，实现生产要素的优化配置。只有市场化的激励机制才能最充分地激活生产要素，在适度的政策引导下，广泛地参与到包括城市和农村的大经济循环中来。

4）城乡统筹发展的核心理念是"以人为本"，目的是促进所有人的全面发展，提倡共同进步。城乡统筹发展强调的是"机会公平""共同发展"，是通过促进市民和农民的发展实现城乡分割的二元结构向城乡一体化的现代经济社会结构转变。

5）城乡统筹发展的实质内容是劳动力结构的调整。经济发展的过程本身就是农村剩余劳动力被不断增加的资本吸收的过程。通过投资的不断增加和劳动力的重新配置使现代部门不断扩大，经济结构的二元特征将随着农业部门剩余劳动力转移并被吸收而消失。从农村劳动力转移的动力机制来看，在经济待发展的经济体中，普遍存在着农业和工业的二元化产业结构，存在着工业部门的劳动边际收益率远高于农业部门的现象，这将导致农村劳动力源源不断地向城市工业部门流动。城市工业部门从高劳动生产率和低劳动力成本中获得巨额的超额利润，不断扩大工业部门以吸收农业部门的劳动力，直到两个部门的劳动生产率相等才停止。因此，城乡统筹发展的结果是，农业经济要素逐渐转变为非农经济要素，包括农村劳动力向非农业产业转移，以及技术、资本、服务等在农业和非农业之间的重新配置，城市化率大幅提高，产业结构得到优化，全社会生产效率提高，并最终实现农业现代化、工业现代化、经济市场化的全面、深入发展。从城乡统筹发展的角度来看，农村劳动力的转移必然伴随着农村人口收入的增加，并由此带来城乡差距在诸多方面的逐渐弥合。因此，城乡统筹发展不仅是经济行为，更是一种社会行为，其实质是劳动力对环境、条件改变所做出的动态的调整和适应的过程。目前中国经济社会二元化问题的本质是劳动力价格扭曲，这是自鸦片战争以来，中国被迫实行赶超经济政策的必然结果。中华人民共和国成立以后，经济的贫弱使我们不得不继续采取扭曲劳动力价格的方式来吸引资本，支持工业发展。而当工业发展到一定水平时，劳动力价格长期扭曲造成的矛盾变得日益突出，已经成了影响我国经济核心竞争力的中心问题。解决劳动力价格扭曲问题的关键就是要让劳动力流动起来，作为最重要的生产要素，在市场上寻找它的价值地位。尤其是农村劳动力的流动，让他们获得同样的市场机会，并带动土地也获得与城市相同的资本化机会，那么城乡统筹发展、中产阶层的壮大就指日可待了。

6）城乡统筹发展的必然结果是城镇化率提高。从人类社会发展的历史看，经济结构的变迁总是表现为农业活动逐步向非农业活动转变，使得产业结构逐步升级。经济结构的变迁必然引起各种生产要素和生产活动向城市集聚，与之相伴随的是生活方式、价值观念、居住空间等方面与城市接轨。从世界各国的发展轨迹来看，城市化自工业革命以来大大加速，是农业社会向工业社会转型的必由之路。城乡统筹发展是各种生产要素在农业和工业重新配置的过程，就我国的具体国情看，将会使城镇化率大幅提高。

1.1.2　农村剩余劳动力

农村剩余劳动力的存在是农村劳动力转移的前提，因此在城乡统筹背景下研究农村劳动力转移，必然涉及的第二个理论问题便是对农村剩余劳动力范畴的界定。[①]不过，目前国内外学者对于农村剩余劳动力范畴的界定并未达成一致的意见。发展经济学家刘易斯（Lewis，1954）最早将农村剩余劳动力明确界定为劳动边际生产率为零甚至为负数，因而从传统农业部门转移出去并不会减少农业总产出的那部分农村劳动力。在刘易斯看来，在传统农业部门中，劳动人口的数量远远大于资本和自然资源（土地）等生产要素，这就意味着，农业部门劳动力对农业产出的贡献薄弱抑或没有贡献，将这部分剩余劳动力转移到现代非农产业部门，不仅不会减少农业的产出，还会促进整个社会产出的增长。刘易斯对剩余劳动力的传统定义为剩余劳动力概念的发展奠定了基础。国内学者郭熙保（1995）等摒弃了传统定义中技术不变的前提假设，基于农业劳动力与耕地面积的变动关系来直观理解农村剩余劳动力。郭熙保（1995）等认为，如果一个国家（或地区）农业劳动者的人均耕地面积长期呈现下降趋势时，就可以认为该国（或地区）存在农业剩余劳动力。部分学者（夏杰长，2000；樊茂勇，何景熙，2000；等等）从劳动力资源的利用程度来诠释农村剩余劳动力。夏杰长（2000）认为，农村剩余劳动力是指农业劳动者尽管不处于零工时和零收入的状态，但其劳动能力并未得到充分开发和利用，而且其收入也不能满足维持基本生活水准的要求。何景熙（2000）认为，农村剩余劳动力就是专指中国农村中未充分就业的劳动力，所谓劳动力未充分就业是指每个单位农村劳动力每年的有效工作时数（指农村劳动力从

---

① 需要说明的是，这里的劳动力是指一个国家或地区有劳动能力，并在劳动年龄范围内的人口。根据世界银行的定义，劳动力是指在劳动年龄范围内（16~64 岁）有劳动能力的人口，即已参加劳动或可能参加劳动的人。而农村劳动力是指户籍在农村地区、年龄在 16~64 岁、有劳动能力的人口，包括从事农业生产或外出从事非农业生产的人口，不包括在校学生、服兵役人员和丧失劳动能力的人。

事农业与非农产业的一切经济活动所耗费的有效时数）低于普遍认可的单位农村充分就业劳动力年度有效工作时数标准的一种状态。也有学者（樊茂勇，侯鸿翔；2000）从农村劳动力供给与需求的视角界定农村剩余劳动力。樊茂勇和侯鸿翔（2000）认为，剩余劳动力是指农业生产过程中生产资料与劳动力构成失衡，劳动力供给量超过了由生产技术条件所决定的生产资料对劳动力的实际需求量而出现的低效用或负效用现象。此外，部分学者（庄核，2003；侯凤云，2004）则从微观主体比较利益的角度对农村剩余劳动力加以诠释。庄核（2003）认为，农村劳动力是否过剩的判断标准是农村劳动力在农业中的边际产品价值与其机会成本的比较，凡是小于机会成本的农村劳动力都有可能成为剩余劳动力。侯凤云（2004）也认为，衡量农村剩余劳动力规模的标准应该是务农收入与务工收入的比例，当地经商、务工与外地经商、务工的收入比例，以及地区发展的差距和城乡收入差距。综上所述，本书认为，剩余是一个具有时期性、动态性以及相对性的概念。这就意味着，农村剩余劳动力是指在特定的农业生产技术条件下，劳动边际生产率为零甚至为负，当从农业部门转移到非农产业部门和城镇并不会减少农业的现有产量的那部分劳动力。这个界定强调的是资源的优化配置，也就是说，当农村劳动力受经济利益驱动而从农业部门转移出去之后，促使剩下的农村劳动力与土地、资本等其他要素资源得到重新配置，这种重新配置的结果并没有导致农业总产出水平的降低。

需要指出的是，农村剩余劳动力与农业剩余劳动力是两个既有联系也有区别的范畴。从概念的外延上看，农村剩余劳动力属于地域范畴，农业剩余劳动力属于产业范畴。因此，农村剩余劳动力概念的外延要大于农业剩余劳动力，除农业剩余劳动力之外，农村剩余劳动力还包括农村非农产业的剩余劳动力。尽管如此，在本书研究中，农村剩余劳动力与农业剩余劳动力两个概念并未明确加以界分，主要基于以下两点考虑：一是农业剩余劳动力仍是我国农村剩余劳动力的主体部分；二是我国农村非农产业的剩余劳动力相对较少，而且这部分剩余劳动力经常在农忙季节参与农业劳动，最终也表现为农业剩余劳动力。因此，农业剩余劳动力可以近似替代农村剩余劳动力。

1.1.3 农村劳动力转移

农村劳动力转移是本书写作的核心范畴。从资源配置的角度看，农村劳动力转移是一个劳动力资源实现重新配置的自然历史过程，一般可以分为两类：一类是产业转移，即农村劳动力从传统农业部门（第一产业）向现代非农产业部门（第二、第三产业）的转移；另一类是空间转移，即农村劳动力从乡村向城镇的转移。由于非农产业一般分布在城镇，所以农村劳动力向非农产业的转移也就是向城镇的转移。这就意味着，农村劳动力转移的本质是产业与空间双重意义上的转移过程，也是城乡融合并逐渐实现一体化的过程。由于农村劳动力的产业间转移是工业化过程的主要内容，而农村劳动力的空间转移则是城市化的基本特征，从这个角度看，农村劳动力转移也是工业化与城市化推进中的自然历史过程。需要说明的是，在对农村劳动力转移数据的统计分析的基础上，本书采用国家统计局统计农村劳动力就业情况时运用的标准，即将每年从事非农业劳动累计达到 6 个月以上的农村劳动力划为农村转移劳动力，以保持与宏观统计概念的一致性。

为了更好地理解农村劳动力转移这一范畴，我们对与之联系密切但又各有侧重的农村劳动力流动概念加以明确。农村劳动力流动是指农村劳动力在不同区域之间、不同产业之间和不同职业之间的流动与重新选择，是农村劳动力在寻找工作过程中表现出的工作调整、工作搜寻以及迁移等基本现象。因此，农村劳动力流动强调的是农村劳动力在地区、产业和职业间的转移，本质上是农村劳动力在经济利益激励下的自发选择行为。而农村劳动力转移是指一个国家或地区在工业化、城市化与现代化的发展过程中，由于全社会生产力特别是农业劳动生产率的提高，而促使边际生产力等于零或接近于零的过剩农业劳动力从农业中分离出来转向非农产业和城镇的过程（罗明忠，2008）。它强调的不仅是农村劳动力在地区间、产业间和职业间的流动，更是农村劳动力在流动过程中转变为非农产业劳动力这个结果，本质上具有一定的政府干预性。因此，农村劳动力转移研究的涵盖范围比农村劳动力流动更广。这也是本书选择把农村劳动力转移问题作为研究对象的主要原因之一。

从农村劳动力转移的模式看，农村劳动力转移主要包括就地转移和异地转移两种模式。就地转移是指离开户籍所在地的农业生产，在家附近从事非农业生产，比如到家附近的小城镇打工或自主创业；异地转移是指离开户籍所在地，到其他地方就业，可能在省内，也可能跨省转移，无论是省内还是省外，一般都是流向经济相对发达的地区，这些地区的就业机会相对较多。目前，已有文献主要侧重于农村劳动力异地转移的研究，而本书研究的农村劳动力转移包括就地转移与异地转移两个层面的内容。实际上，农村劳动力只要离开户籍所在地的农村，无论是就地转移还是异地转移，均可以视为农村劳动力转移。

从农村劳动力转移的过程看，学者普遍认为我国农村劳动力转移需要经历两个阶段。朱镜德（1999）在三元劳动力市场划分条件下，提出了两阶段乡–城劳动力迁移理论模型，第一阶段从农村完全竞争劳动力市场迁移到城市完全竞争劳动力市场，条件是当两个市场的工资率差距等于迁移成本；第二阶段从城市完全竞争劳动力市场迁移到城市不完全竞争劳动力市场，当两个市场的工资率趋于相等，迁移活动就停滞。蔡昉（2001）把劳动力迁移看作是经济发展和产业结构变化必然经历的一个过程，由此提出农村劳动力转移包括两个阶段，一是劳动力从迁出地转移出去，二是这些迁移者在迁入地长期居住下来。刘传江（2004）认为我国农村人口的城市化过程由于有形和无形的"户籍墙"被分割成两个子过程，第一阶段是从农民（农村剩余劳动力）到城市农民工的过程，第二阶段是从城市农民工到产业工人以及市民的职业和身份的三重变化过程，前一阶段现在已无障碍存在，但第二阶段目前仍然步履维艰。总的来看，两个阶段划分比较符合我国农村劳动力转移的实际情况，都是基于农村劳动力转移的动态过程进行分析的，能够比较清晰地展现从农民到市民的转变过程。具体来说，从农民转变为农民工这是农村劳动力转移的第一阶段，在这一过程中主要实现的是居住地或职业的改变，社会身份并未改变，依然是原居住地身份。这一过程实现的动力来源于客观存在的城乡收入差距和对城市美好生活的向往，还有城市"非正规"劳动力市场对农村劳动力的广泛需求。第二阶段是从农民工转变为市民的阶段，这是目前农村劳动力转移最为艰难的一个过程，伴随社会身份、职业、生活方式的同时转变，依赖公共部门对相关制度的创新以及对相关政策的调整，事实地赋予农民、农民工同等的国民待遇以及自由流动的权利，并且农民或农民工能够转变生活方式，在城镇安定地生活下去。第二阶段是农村劳动力转移的最终目的，近年来全国各地的户籍制度改革就主要着眼于第二阶段，把大量生活在城镇的农民工直接转户为城镇居民，重点解决了农民工中的存量部分以及新生代农民工。当然，只有两个阶段同时完成，尤其是农民工的市民化阶段的完成，农村劳动力才能真正地转移出去，农村剩余劳动力才能真正减少，我国就业结构才能真正与产业结构统一起来。从某种意义上讲，农村劳动力转移不仅是农村劳动力在地区间、产业间、职业间的变动过程，更是农村劳动力转变为非农劳动力、由农民转变为市民，是从身份、思想认识上发生本质性改变的结果导向过程。

1.2　基础理论的溯源

农村劳动力转移是世界各国现代化进程中无法回避的重要实践问题，自然也是社会科学特别是经济学持续关注并加以解释的理论命题。经济学对农村劳动力转移的理论研究起源于古典经济学时期。其创始人威廉·配第（W.Petty）在《政治算术》中揭示了农村劳动力向非农产业部门转移的诱因在于不同部门间比较利益差异。亚当·斯密（1972）基于劳动分工的视角把农村劳动力的乡城转移解释为市场扩展的自然结果。大卫·李嘉图（Ricardo）在《政治经济学及赋税原理》一书中也提及了传统农业部门存在边际收益递减规律而现代工业部门可以吸纳农村剩余劳动力的思想。英国经济学家克拉克开创性地指出了劳动力转移的变化趋势，即随着经济的发展，人均国民收入水平的提高，劳动力将从第一产业转移到第二产业，之后再从第二产业转移到第三产业。德国历史学派的李斯特则在《政治经济学的国民体系》中指出，农业时期新增就业人口全部投入农业生产中，会导致人均耕地的不断减少，迫使农业劳动力逐渐向工业转移。

真正建立农村劳动力转移理论框架并进行系统且深入研究的应属兴起于第二次世界大战之后的发展经济学。与社会学、人口学等对劳动力迁移进行综合性解释不同的是，发展经济学仅仅从经济因素角度阐释发展中国家劳动力转移的机理、根本动因与影响因素。主要代表人物包括刘易斯（Lewis，1954）、费景汉和拉尼斯（Fei and Rains，1961）、乔根森（Jorgenson，1961）、库兹涅茨（Kuznets，1966）、托达罗（Todaro，1969）、哈里斯（Harris，1970）、钱纳里（Chenery，1986）、舒尔茨（Schultz，1964）以及斯塔克（Stark，1991）等。[1]概括来说，刘易斯（Lewis，1954）、费景汉和拉尼斯（Fei and Rains，1961）强调了传统农业部门与现代工业部门间由于边际劳动生产率的差异决定了两部门的工资收入差距，正是这种城乡收入差距促使农业部门的剩余劳动力源源不断地流向工业部门和城镇。乔根森（Jorgenson，1961）进一步丰富和发展了二元经济理论，认为消费结构和农业剩余的变化才是农村剩余劳动力向非农产业部门转移的根本动因。而托达罗（Todaro，1969）强调了农村劳动力向城市的转移主要受城乡预期收入差距的影响，而不是受实际城乡收入差距的影响。舒尔茨（Schultz，1964）则把个人和家庭进

---

① 需要说明的是，关于以刘易斯（Lewis，1954）为代表的发展经济学家提出的农村劳动力转移理论将在本书第 2 章详细论述，这里只是简单提及。

行迁移视为一种可以带来某种经济收益的投资行为，认为只有当迁移收益大于迁移成本时，迁移行为才可能发生。斯塔克（Stark，1991）提出了农村劳动力转移的相对贫困假说，试图弥补托达罗"预期收入假说"的不足。需要指出的是，如果基于研究方法的角度，发展经济学关于农村劳动力转移的经典理论可以分为两类：一是从宏观视角分析的结构主义方法，如刘易斯理论、费景汉-拉尼斯理论和乔根森理论等；二是从微观视角分析的新古典主义方法，如托达罗理论、哈里斯理论、舒尔茨理论等。前者以社会经济结构为研究的出发点，强调经济社会结构刚性而导致的经济非均衡发展对劳动力转移的影响，这有利于我们从社会结构的角度认识劳动力转移的宏观影响因素，不足之处在于缺乏对劳动力个体转移决策的分析，使得研究结论的微观基础较为薄弱；而后者则以经济个体或家庭为研究对象，强调个体的利益或效应最大化动机对转移决策行为的影响。为了避免单一研究方法的缺陷，本书将综合运用结构主义方法与新古典主义方法。①

所以，国外学者建立的关于农村劳动力转移的经典理论模型总体而言包括三大类，即基于城乡二元经济结构的转移理论、基于人口学研究的推-拉理论以及基于人力资本投资的成本-收益理论，其中基于城乡二元经济结构的转移理论也是城乡统筹研究的理论基础。这些经典理论为本书在城乡统筹背景下研究农村劳动力转移问题提供了理论上的指导和方法上的借鉴。下面就二元结构理论中的刘易斯（Lewis，1954）、费景汉和拉尼斯（Fei and Rains，1961）、乔根森（Jorgenson，1961）、托达罗（Todaro，1969）与博格（Bogue，1959）的相关转移理论，以及舒尔茨（Schultz，1964）的人力资本投资中成本-收益理论进行简要述评。

1.2.1 基于二元经济结构的转移理论

1. 刘易斯二元经济结构转移理论

刘易斯的农村劳动力转移理论源于其"二元经济结构理论"，他在《劳动力无限供给条件下的经济发展》（1954）中提出了著名的二元经济结构转移模式。刘易斯认为，发展中国家的经济可以划分为两个部门，即以农业为主的传统部门和以工业为主的现代部门。传统农业部门资本投入不足，劳动边际生产率较低，甚至

---

① 需要说明的是，结构主义方法与新古典主义方法并没有十分严格的界限，两种方法之间彼此是交叉的，比如结构主义方法就是以新古典主义方法为基础，本书采取的这种分类是基于分析逻辑和层次的考虑。这种分类方法也是被国内学者（程名望，2007；王秀芝，2008；等等）认可的。

为零或负数；而现代工业部门可以运用再生性资本，劳动边际生产率较高，能够获取经济剩余。经济的发展就依赖现代工业部门的资本积累和规模扩张，而现代工业部门的资本积累和规模扩张需要传统农业部门提供丰富的劳动力。刘易斯认为，当现代工业部门的工资水平高于传统农业部门至一定比例时，就能使现代工业部门源源不断地从传统农业部门中获取廉价的劳动力，现代工业部门的经济剩余得以不断积累，资本规模得以不断扩大，这一过程一直持续到传统农业部门的剩余劳动力消失、实际工资水平提高为止，此时二元经济结构就转型为一元经济结构。

　　刘易斯的二元经济理论把发展中国家的经济发展过程与农村劳动力转移过程有效结合，从而揭示了二元经济结构差异对农村劳动力转移的影响，对分析发展中国家的农村劳动力转移问题具有基础性意义。但刘易斯理论仍存在某些缺陷，受到不少学者的质疑。这些缺陷和质疑主要包括以下几个方面。一是部分学者（舒尔茨，1964；陈吉元，1994）认为，刘易斯的劳动无限供给假设不符合现实，农业劳动边际生产率即使很低但也不会在较大范围内都接近零。二是刘易斯理论仅仅关注了现代工业部门的扩张，而忽视了传统农业部门发展的重要性。实际上，传统农业部门除了为现代工业部门提供廉价劳动力之外，还提供了农业剩余。三是劳动与资本的比例不变的假定在现实中并不存在。随着技术的进步，现代工业部门的扩张所带来的就业创造呈递减趋势，也就是说，现代工业部门对农村剩余劳动力的需求是有限的。四是城市中不存在失业的假定也不符合发展中国家的实际情况，这降低了刘易斯理论的解释能力（Todaro，1969）。

2. 费景汉-拉尼斯转移理论

　　在刘易斯二元经济理论的基础上，费景汉和拉尼斯进一步修正与发展了农村劳动力转移理论。他们认为刘易斯二元经济理论存在两个不足：一是没有足够重视农业在推动工业发展中的作用；二是没有注意到农业生产率的提高应该是农村剩余劳动力转移的先决条件。有鉴于此，他们在刘易斯二元经济理论的基础上提出了一种以研究农村剩余劳动力转移与现代工业发展为核心，重视技术变迁的"费景汉-拉尼斯理论"。该理论把农村剩余劳动力向城镇的转移与现代工业发展演变划分为三个阶段：第一阶段，农业劳动力的边际劳动生产率等于零，传统农业部门存在丰富的剩余劳动力，农业剩余劳动力的转移并不会减少农业生产总量，这就意味着，农业劳动力的供给弹性趋于无限大；第二阶段，农业边际劳动生产率提高，其值介于零和不变制度工资之间，传统农业部门存在着隐性失业者，农业劳动力的持续转移会导致农业总产出的减少，农产品价格的上涨，工业部门的平均工资水平则会上升，农业劳动力的转移速度开始减慢；第三阶段，农业劳动边际生产率继续提高，传统农业部门已经不存在剩余劳动力，农业劳动者的收入水平将不再取决于不变制度工资，而是由农业劳动边际生产率与市场机制共同决定。此时，农业部门与工业部门两个部门实现平衡与协调发展。

费景汉-拉尼斯转移理论在刘易斯二元经济结构转移模式的基础上强调了农村劳动力转移将主要取决于农业技术的进步、人口的增长以及工业资本存量的增长，同时，指出了工农业平衡发展对城乡二元经济结构的影响。但费景汉-拉尼斯理论暗含的假设是城市不存在就业不充分或失业的问题，因而只要现代工业部门的实际工资高于传统农业部门的工资水平，其差额就能够弥补城乡生活的系列成本，就能完全吸纳农业中的剩余劳动力，直到工农业部门工资水平实现均衡为止。这显然不符合于发展中国家的现实。

3. 托达罗预期理论

1969 年，托达罗在其著作《发展中国家的劳动力迁移和产生发展模型》中提出了农村-城市人口迁移理论，有效解释了为什么农村劳动力不顾城市失业而仍然向城市转移的问题，补充与发展了刘易斯和费景汉-拉尼斯的劳动力转移理论。托达罗将一国经济划分为农业部门、城市传统部门、城市工业部门，农村劳动力进入城市大多首先选择城市传统部门（即劳动密集型、简单技术的小规模作业部门）就业。托达罗认为，农村劳动力向城市的转移不仅受城乡实际收入差距的影响，还受到城市获得就业岗位的概率大小的影响，只有城市预期收入现值大于农村就业的预期收入现值，农村劳动力迁移行为才会产生。为此，托达罗建议发展中国家要通过大力发展农村就业机会来转移农村劳动力，避免过多农村劳动力涌入城市导致城市大量失业，同时政府不应该干预城市工资水平的确定。托达罗理论相对较为全面地分析了农村劳动力转移问题，对后续劳动力转移作了奠基性贡献，也对大部分发展中国家劳动力转移政策的制定提供了理论指导。

4. 乔根森理论

乔根森于 1961 年在其著作《剩余农业劳动与二元经济发展》中，在一个纯粹的新古典主义框架内从农业剩余的全新视角探讨了工业部门的增长是如何依赖农业部门的发展而实现的问题。他不认为农业有边际生产率等于零的剩余劳动存在，也不认为农业与工业的工资水平是固定不变的。相反，他认为快于人口增长的农业剩余的存在使农业发展缺乏需求拉动，农产品主要是满足人的生理需要的，而对工业产品的需求却是无止境的，所以乡城迁移是生产率提高的必然结果；而农业剩余是劳动力从农业部门转移到工业部门的充分与必要条件；实际上，农村劳动力转移是消费需求拉动的结果，而且在转移过程中，农业、工业的工资水平是不断上升的。

1.2.2　博格的"推-拉理论"

推-拉理论（Push-Pull Theory）最早可以追溯到 1889 年拉文斯坦发表的《人口迁移律》，他指出受歧视、受压迫、气候不佳、生活条件不适应等是促使人口迁移的原因，其中经济因素是最主要的。20 世纪 50 年代博格从运动学的角度系统地提出了人口转移推-拉理论。他认为，人口迁移是两股方向不同的作用力的共同结果：一是迁出地促使人口迁移的积极的推力，二是迁入地吸引人口转移的拉力。对迁入地、迁出地而言，均有推拉两股力量的较量。比如迁出地的自然资源枯竭、农业生产成本增加、较低的收入水平、大量农村劳动力的过剩等因素产生的推力，家庭的快乐、熟悉的成长环境的社会网络等因素产生的拉力，二者比较，推力更大；对迁入地而言，较多的就业机会、较高的工资收入、较好的气候环境、较好的受教育机会、较完善的基础设施和交通条件等因素产生的拉力大于因亲人分离、环境陌生、竞争激烈、生态环境质量下降等因素产生的推力，迁出地的推力和迁入地的拉力共同作用决定农村劳动力产生转移的行为。这一理论比较形象地分析了农村劳动力转移的动因，也比较符合发展中国家人口迁移的实际。

1.2.3　舒尔茨的人力资本投资理论

芝加哥学派新古典主义代表人物舒尔茨从 20 世纪 60 年代开始就对刘易斯无限剩余劳动供给模型及其理论进行批评。他认为"农民在处理成本、收益和风险时是工于计算的经济主体"（迈耶，1995）。他在《改造传统农业》（1964）一书中认为，传统农业不能对经济增长作出重大贡献，只有现代农业才能对经济增长作出重大贡献。因此，将传统农业改造为现代农业是关键。他认为传统农业处于一种特殊的经济均衡状态，其技术条件不变，持有要素和获得收入来源的偏好和动机状况不变，传统生产要素的供给和需求长期处于均衡状态，不存在边际生产率为零的状况；传统农业的农民是理性的，能够对市场价格的变动作出及时的变动反应，农村劳动力转移会引起传统农业产量的减少。在改造传统农业过程中，他认为在土地、全部可再生的物质生产手段以及人力三生产要素中，农民的能力是最重要的，因此要开发农村人力资本、进行人力资本投资。而个人及家庭适应于变换就业机会的迁移就是人力资本投资的五种途径之一，而个人迁移行为决策取决于其迁移成本与收益的比较。迁移成本包括为实现迁移而花费的各种直接成本和机会成本。直接成本包括迁移、信息搜寻、决策及迁移过程中支出的各种费用。机会成本包括整个迁移过程中和寻找新工作过程中损失的工作收入以及迁往新环境、适应新工作的心理成本。迁移收益指迁移者在迁移后因为拥有更好的工作机会和环境而增加的收入。迁移行为的决策取决于迁入地与迁出地的收入之差是否大于迁移成本。

除以上理论外，皮奥里的双重劳动力市场理论阐述了城市劳动力市场层次性的存在，城市中不稳定、低效率的工作岗位成为接纳农村劳动力的重要工作，因此较好地分析了城市高失业与农村劳动力转移并存的现象。波斯特和梅西从社会学角度提出了劳动力迁移的社会网络分析视角，进而在对国际移民的分析中提出家庭应该是迁移行为的决策单位，而非个人，收入预期和政府的政策措施调整可以影响家庭迁移的决策，因而从中观层面补充了劳动力迁移理论研究的不足。

但是，由于以上各种经典理论发生的现实背景不同于中国实际情况，其理论的解释力对中国农村劳动力转移而言是有限的。我国由于受到计划经济时期的城乡二元经济结构的限制，加上我国人口众多，经济发展实力有限，在农村劳动力转移过程中遇到的问题与障碍更多，借助于国外的相关理论可以部分的阐释国内的部分问题，但得出的结论大多具有偏颇性。在我国农村劳动力转移过程中，由于市场经济发展的不完善，政府及政策的干预力量比国外大得多。因此，在借鉴国外经验与理论的基础上，更要结合中国实际进行分析才能更好地解决中国的农村劳动力转移的问题。

1.3　城乡统筹发展与农村劳动力转移的互动关系

理论研究和实践经验都表明，加快农村劳动力向非农产业和城镇的转移是破解"三农"问题进而实现农民富裕、农业发展以及农村繁荣的有效路径，也是统筹城乡经济社会一体化发展的必然要求。但对农村劳动力转移问题的研究不能基于就农村而农村或就城市而城市的单一视角，而应该放置在城乡统筹发展的背景下加以系统研究。有鉴于此，本节运用发展经济学的理论基础和分析范式尝试对城乡统筹发展与农村劳动力转移的内在机制或互动关系做出合理的理论解释，以此为城乡统筹背景下农村劳动力转移的实证研究和政策设计提供理论指导。

1.3.1　城乡统筹发展对农村劳动力转移的作用机制

城乡统筹发展必然要求农村劳动力转移，农村劳动力的转移不仅是指劳动力从农村转移到城市生活，更主要的是指劳动力从农业生产转移到非农业生产。城乡统筹发展至少能够通过以下几个方面促进农村劳动力的转移。

1）城乡统筹发展能够通过"集聚效应"对农村劳动力产生吸引力。集聚效应是一种常见的经济现象，它是指各种产业和经济活动在空间上集中，形成吸引经济活动向一定地区靠近的向心力，继而使经济活动的空间不断扩大，是城市形成和扩大的基本因素。城乡统筹发展的一般规律是优先发展大城市，其次配套发展中小城市，最后形成以大城市为中心的中小城市群落。城市规模的适度扩大会产生集聚效应——因为只有达到了"规模经济"的水平，资源的利用效率才能充分提高，才能在城市的发展中获得竞争优势。城市间的竞争产生的"集聚效应"吸引着包括农村劳动力在内的各种生产要素。同时，城市规模的扩大、需求的增加，会使产业尤其是第三产业迅速发展，吸引农村剩余劳动力继续向城市转移。产业集聚，规模经济优势就会显现：第一，单个产业会逐渐调整到最优规模水平；第二，产业间联动会促进分工更加细化和合理，进而推高整个社会生产的可能性边界。

2）城乡统筹发展能够通过"辐射效应"对农村劳动力转移发挥作用。辐射效应是以中心力量发挥作用为根本，通过向外围和周边扩散影响，逐步实现整体进步。城乡统筹发展的辐射效应是以城市为经济发展的基点，通过相较农村更有优势的经济、文化、科技、教育、人才等方面，带动周围农村经济、文化、教育、科技的发展。在城市辐射农村、带动农村取得发展的过程中，农村劳动力素质得到提高，获得公平机会的能力增强，能够更加顺利地在市场上流动。城乡统筹发展对农村的经济带动作用主要是依靠产业带动作用实现的，通过城乡产业的连接和融合来实现城乡经济发展深度和广度的拓展。一方面对现有产业进行整理和升级，另一方面会培育出具有潜在优势的新兴产业。同时，工业向农业延伸和渗透，可提高城市化水平，城市化的建设又会促进经济和社会发展。

3）城乡统筹发展通过"收入效应"对农村劳动力转移发挥作用。城乡统筹发展强调农村经济改革，农民收入水平会有一定程度的提高。这就意味着，从静态上讲，获得相同的收入，需要投入的有效劳动减少，因此有更多的劳动力从农业生产中析出，转移的需求更加强烈；从动态上讲，劳动力收入增加，劳动力对资本的相对收益提高，在边际收益递减的作用下，劳动力有向能够获得相对更高的边际收益的产业转移的动力。

4）城乡统筹发展推动了城市和农村的协调发展，但是由于城乡差距是长期积累的结果，不可能在短时间内消除。城乡生活条件上的现实差距，当农村发展到一定程度的时候，农村家庭的消费能力有了相对较高提升的时候，他们改变原来消费结构、追逐城市消费模式的愿望会越来越强烈。这将形成农村劳动力向城市转移的一个重要而现实的推力。

1.3.2 农村劳动力转移对城乡统筹发展的作用机制

从产业角度来看，农村劳动力转移的实质就是从农业向非农产业的转移，农村劳动力转移的过程也是劳动力资源在产业间重新配置的过程。从理论上说，这种资源配置无论是对传统农业部门生产效率的提高，还是农村经济发展以及农民收入改善都有显著的经济效应，进而促进城乡二元经济结构向一元经济结构的转型，实现城乡经济社会的协调可持续发展。具体来说主要有以下几个方面。

1）农村劳动力转移主要是依靠市场机制对劳动力的优化再配置，使劳动力的生产效率得到提高。从农业内部来看，从城乡统筹发展的高度实施农村劳动力的转移，能促使农业生产由季节性、分散性、初级性等特点逐步向产业化、集约化、高级化转变，可以大大提高农业生产的效率。同时，农村劳动力向非农业转移，促进了农业部门劳动生产率的提高，也促使农业劳动效益改善。按照经济学家托达罗的劳动力迁移理论，只要预期的工资收入大于农村的实际收入，劳动力由农村向城市迁移就会继续，最终促使城市化水平的提高。在农村劳动力向城市转移的过程中，城市工资收入逐渐下降，农业生产收益率逐渐上升，最终实现劳动力在产业间的均衡配置结构。当然，这个理论的假定条件和劳动力的素质是同质的。在城乡统筹发展的视野下，农村劳动力的转移不是简单地从农业生产向非农生产转移，而是同时重视农业和非农业的发展，是劳动力在产业间的重新配置，通过给农村劳动力提供公平的就业机会和收入机会，逐步实现城乡差距的弥合。因此，城乡统筹发展视野下的农村劳动力转移必然与产业结构优化和布局有着内在的一致性，强调资源的重新配置。同时强调农业生产劳动率的提高，从农业产业发展的角度，推动小农经济向现代农业转变。

2）农村劳动力转移会促使产业结构发生调整。农村剩余劳动力从农村向城镇转移，从农业向工业、服务业转移，其本质是劳动力的产业转移、空间转移。劳动力是社会生产最重要的要素之一，劳动力在城乡统筹进程中通过产业间和空间上的转移实现重新配置，是提高全社会劳动效率的必然要求，也是最大程度消除农村劳动力隐性失业的有效手段，归根结底是劳动力与经济承载能力和环境资源承载能力相互匹配的结果。农村剩余劳动力的转移，减少了农业生产劳动力供给，迫使劳动力的边际产出提高，生产会由依靠土地、劳动力增加的外延型增长转向依靠技术的内涵型增长，从而促使农业生产向深度和广度发展，农业产业结构得以改善；农村剩余劳动力的转移，会使农村土地使用的集中度提高，从而使农业生产获得规模效益；农村剩余劳动力的转移，增加了非农产业的劳动力供给，促使劳动力提高生产效率。因此，农村劳动力转移会通过改善产业结构，尤其是改善农业产业结构而促进城市和农村共同发展。

3）农村劳动力转移具有"归雁经济"效应。城乡统筹发展视野下的劳动力转移既可能是农村劳动力向城市转移，也可能是城市劳动力向农村转移，但在城乡统筹发展初期，城乡差距还很明显的阶段，总体上看是农村劳动力向城市转移。然而，由于城乡制度二元化短时间内难以消除，由农村转移到城市的劳动力事实上处于"两栖"状态。他们中的相当部分已经掌握了一门技术，也积淀了部分资金，甚至积累了一定的管理经验。这部分劳动力有条件，也有意愿返回农村创业，从而形成"归雁经济"效应。"归雁经济"效应促进了农村城市化和工业化的进程，加速了小城镇的发展，使小城镇的辐射能力不断增强，形成了日益强大的产业承接能力，并最终促进产业结构的调整和优化，从而实现城乡经济和社会的整体发展。

4）农村劳动力转移具有经济辐射效应。城乡统筹发展中转移了的农村劳动力随着生产方式的转变，其生活方式也会发生转变，会扩大或创造新的需求尤其是对第三产业的消费需求，农村劳动力转移改变了人口分布结构，缓解了对自然条件恶劣、生态环境脆弱、经济发展落后地区的压力，通过缩小经济区域间差异和个人收入间差异，增强弱势劳动力的市场竞争力，并最终提高国民整体劳动素质。通过亲朋好友的"传帮带"，农村劳动力自发地加快了转移的速度，有越来越多的农村劳动力掌握了非农业生产的经验、技术和技能，就业素质得到了提高。此外，农村劳动力转移是各产业劳动力边际收益比较的结果，总体上会提高劳动力收入水平。农村劳动力收入水平提高，在就业、教育、医疗、住房等方面弥合与市民之间的差距的能力也随之提高，全社会整体消费结构也会得到改善，这就要求包括工业和农业在内的所有产业的生产质量不断提高，因此客观上会促进城乡统筹发展。

5）农村劳动力转移也包含着一种潜在的人力资本投资。在农村劳动力流动过程中，农民通过"边干边学"，不仅提高了劳动技能，也强化了生活能力。在城市大环境下，他们接触了大量的现代文明、生活态度、社会行为模式，小农意识逐渐减弱，商品意识和市场观念逐渐增强，在生活中的主观意识和客观能力上都逐渐与城市融合，最终形成城乡统一的生活模式。

综上所述，城乡统筹发展与农村劳动力转移是相互影响、相互促进的，是经济社会发展中的两个形式不同而内容相近的互动体。城乡统筹发展意味着要将城市与农村、工业与农业、市民与农民放在一体化的框架下加以考虑，也意味着相关政府政策要在这一框架范围做出调整，以适应市场机制作用下生产要素自由流动的需要。农村劳动力是农业经济发展和城市经济发展中不可或缺的要素，统筹城乡发展要求农村剩余劳动力转移过程所需要的劳动力市场、资本市场、信息市场的统一，有利于产业结构基于劳动力生产效率的重新调整，有利于统一的市场体系的建成，因此在统筹城乡发展的背景下讨论农村剩余劳动力转移要更多地强调在社会生产各个环节的统一性、协调性，充分发挥各种生产要素的效用，优化社会生产结构与效率。而农村劳动力转移过程中的所谓的"农村剩余劳动力"是暂时的、相对的，其流出不仅不会影响农业的现有产量，反而会因其转移而带动生产要素、产业、技术在城乡间的流动与重新配置，有利于城乡协调发展，从而达到统筹城乡发展的最终目标——人的全面发展。正是由于这种"剩余"的存在，农村劳动力如何高质量地转移才值得去研究。对于农村劳动力转移问题，国外学者总结出许多的理论用于分析这一问题，但无论是基于二元经济结构的转移理论、推-拉理论，还是人力资本投资理论都说明农村劳动力转移过程是市场经济发展过程中的必经阶段，并且于经济社会发展是有利的。在城乡统筹发展背景下研究这一问题，需要将老问题放在新的背景下，从全新的视角加以解读。

第 2 章

重庆市农村劳动力转移的历史沿革

　　都阳等（2014）认为户籍制度深入改革所带来的劳动力自由流动是新时期经济增长的主要源泉，有利于扩大劳动力市场规模，可以提高城市经济效率。继续深化户籍制度改革，促进农村剩余劳动力、农村土地等要素的合理配置能够让经济社会发展真正从户籍制度改革和农村剩余劳动力转移过程中获得更多的改革红利。改革开放以来，伴随着高度集中的计划经济体制向分散的市场经济体制的转型，国家对人口流动管理政策也处于调整之中，使得农村劳动力转移呈现出不同的阶段性特征。对于城乡二元结构矛盾突出的重庆市来说，受国家政策的影响，农村劳动力向非农产业和城市的转移也不是平衡发展的，总体上表现出周期性发展的特征。从某种意义上讲，重庆市各阶段农村剩余劳动力转移的政策叠加了中央各个时期相关政策的调整需要和重庆市自身发展的需要，为了应对农村劳动力转移所带来的经济社会问题而被动进行的政策调适，其政策调适更多体现了我国"重城市、轻农村"管理思维以及经济社会结构的二元现实特点。总体而言，重庆市非农业就业人数自改革开放以后呈绝对上升的趋势，从 1985 年的 389.81 万人上升到 2015 年的 1180.91 万人，增加了 2.03 倍。而农业就业人数在 1991 年左右达到峰值 1130.47 万人，随后逐渐下降，从 2002 年开始急速下降。从农业、非农业就业结构变化看，重庆市非农业就业比重一直处于上升趋势，从 1985 年的 27.22%上升到 2015 年的 69.2%，有超过一半的农村剩余劳动力从农业转移到非农产业就业。与此同时，农业就业人数比重则一直处于下降态势，如图 2-1 所示。

图 2-1　重庆市社会就业规模与就业结构变化（1985～2015 年）

资料来源：《重庆统计年鉴 2016》，经整理计算而得

注：农业就业人数指第一产业就业人数，非农就业人数指第二、第三产业就业人数之和

为了能够更清晰地划分农村剩余劳动力转移的阶段，本书根据我国户籍制度变迁的特点，以重庆市农业、非农业就业人数及其比重指标为依据将其划分为四个阶段。①第一阶段为转移波动时期，从 1978 年到 1996 年。这一阶段恰逢农村家庭联产承包责任制改革，重庆市农村剩余劳动力的隐性失业凸显出来，并随着改革开放的步伐开启了转移的高潮。②第二阶段为转移平衡时期，从 1997 年到 2002 年。这一阶段随着乡镇企业的逐渐衰落以及相关户籍政策的调整，重庆市非农业就业比重持续缓慢增加，农村剩余劳动力转移逐渐趋于稳定。③第三阶段为转移增速时期，从 2003 年到 2009 年。这一阶段随着农民工问题的逐渐显现，政府对农村剩余劳动力转移的态度开始发生转变，户籍政策也随之调整，农村剩余劳动力转移已成趋势，转移数量与规模略高于第二阶段。④第四阶段为转移加速时期，从 2010 年至今。这一阶段中，重庆市户籍制度改革从 2010 年 8 月启动，在此背景影响下，农村剩余劳动力转移的速度进一步加快，表现为农业就业比重快速下降了 12%，而非农业就业比重快速上升了 12%，转移的规模与强度更大，对重庆市城镇化和工业化的推进效应更为明显。

2.1　转移波动时期：1978～1996 年

党的十一届三中全会以后，我国的经济市场化改革开始启动。在城市于 1980

年确定了深圳、珠海、汕头和厦门四个经济特区作为改革开放的窗口，这为市场经济的发展提供了有效的市场样板。在农村解散人民公社，实施家庭联产承包责任制和农副产品购销制度，释放农村生产力，发展城乡商品市场，为农村剩余劳动力转移提供了合适的市场条件。在此期间，国家关于农村剩余劳动力转移的政策经历了 1979～1983 年的严格限制、1984～1988 年的允许进城、1989～1992 年的控制盲目流动、1993～1996 年规范转移四次调整；户口也出现了多种形式的变形，有介于城市户口与农村户口之间的自理口粮户口形式，还出现了"农转非"指标、卖户口的交易等现象，户口的价值逐渐显现出来。

当时，我国国力相对薄弱，1978 年的国内生产总值仅为 3624.1 亿元，面对 20 世纪 80 年代初大批知识青年返城的浪潮，城市就业岗位及公共设施供给十分紧张，为了缓解压力，出台了《国务院关于严格控制农村劳动力进城做工和农业人口转为非农业人口的通知》（1981）等政策严格控制从农村招工，压缩、清退来自农村的计划外用工等，鼓励发展社队企业（1984 年更名为乡镇企业）和城乡联办企业等来吸收安置农村剩余劳动力，直到出台了《国务院关于农民进入集镇落户问题的通知》（1984）、《中共中央、国务院关于进一步活跃农村经济的十项政策》（1985），允许农民进城开店设坊，从事服务业，活跃城乡经济，可自理口粮落户。然而，20 世纪 80 年代中期沿海城市改革成效初显，面对农民工大军涌入沿海地区导致的城市管理混乱和基础设施的拥挤问题，国家从 1989 年开始采取措施控制农村剩余劳动力的盲目流动，要求人口流动与城镇的承受能力相适应。并从 1995 年开始实行流动就业证卡制度和暂住证制度，鼓励农村剩余劳动力就地就近转移。

此时，重庆仍属于四川省管辖，对农村剩余劳动力转移的政策与国家政策同步。作为一个内陆城市，重庆的重工业比较发达，有一定的经济实力。1983 年重庆成为国家经济体制综合改革试点，实行计划单列，并赋予省级经济管理权限。从 1984 年开始，重庆加大基础设施投资，大力发展乡镇企业，1987 年 GDP 达到 206.73 亿元；重庆农村剩余劳动力转移数量由 1984 年的 56 万人增加到 1988 年的 81 万人，农村人口比重下降了 8.3%；农村劳动力非农化比重由 1985 年的 14.24% 提高到 1988 年的 18.9%，增加了 4.66%。1988 年，随着经济治理整顿的实施，乡镇企业吸收劳动力的能力下降，1989 年重庆乡镇企业职工人数降至 121.10 万人，

1990 年为 122.54 万人，占农村劳动力的比重降低到 20.7%。[①]在国家一系列限制农村剩余劳动力的"盲目"流动政策文件影响下，大量农村劳动力被清退，部分地区出现农村劳动力回流的现象，农村劳动力转移速度趋缓，但转移总量仍然在增加，1989 年的转移数量达到 178 万人。

1992 年邓小平南方讲话和党的十四大之后，重庆先后成为沿江开放城市、经济综合体制改革试点地区，拥有高新技术开发区、国家级经济技术开发区、长江三峡经济开发区，并率先实行国营商业体制改革和分税制等改革，1994 年地区生产总值达到 833.6 亿元，是 1983 年的 6.95 倍[②]，重庆市经济开始步入良性发展轨道。这一时期，各地掀起了以集资发展经济为由公开向社会出售"城镇户口"的热潮，对户口的经济价值进行了明码标价。1993 年，《中共中央关于建立社会主义市场经济体制若干问题的决定》出台，为了进一步发展市场经济，政府的管理政策逐渐转堵为疏，鼓励、引导农村剩余劳动力向非农产业及地区间有序流动，并于 1995 年正式实施流动人口就业证和暂住证制度，规范跨省流动就业，加强各地流动人口管理。1996 年，重庆市农村剩余劳动力转移的数量达到 330 万人，常住人口城镇化率达到 31%，第一产业劳动力比重从 1985 年的 72.8%下降为 59%。

1979～1996 年，重庆市地区生产总值年均增长 9.9%，全社会固定资产投资年均增长 24.9%，农村居民家庭人均年纯收入从 1978 年的 150.18 元上升为 1996 年的 1479.05 元；城乡收入差距从 1979 年的 2.36∶1 缩小到 1984 年的 1.98∶1，又扩大到 1996 年的 3.4∶1；三次产业结构比为 24.2∶41.8∶34。[③]其中，农村剩余劳动力转移对重庆市经济发展做出了巨大的贡献。

2.2 转移平稳阶段：1997～2002 年

1997 年 3 月 14 日重庆被设立为直辖市，总人口为 3002 万人，其中农业人口占比 80.91%，贫困人口 366 万，"大城市带大农村"，二元经济社会结构特征突出。

① 重庆市统计局，国家统计局重庆调查总队. 2002. 重庆统计年鉴（2002～2016）. http://www.cqtj.gov.cn/tjsj/shuju/tjnj/[2016-08-15].
② 重庆市统计局，国家统计局重庆调查总队. 2002. 重庆统计年鉴（2002～2016）. http://www.cqtj.gov.cn/tjsj/shuju/tjnj/[2016-08-12].
③ 陆昕. 2009. 六十年沧桑磨砺 重庆迈向新辉煌——新中国成立 60 周年重庆市经济社会发展概述.重庆经济，（5）:9-15.

"单列市的底子、直辖市的牌子、中等省的架构"是当时重庆最真实的写照。当时重庆工业正陷入自 1996 年以来的连续 4 年的亏损之中，1997 年亏损最严重，全市国有工业企业亏损面超过 60%，亏损额高达 23 亿元。为了应对经济发展中的困境，重庆按照市内各地区的自然资源禀赋及经济社会发展现状，把全市区域划分为都市经济圈、渝西经济走廊和三峡库区三大经济区，构筑了"一点带两翼"的区域发展战略，经过一系列工业改革与改造，工业发展状况逐渐转好，2000 年全市工业整体扭亏为盈，工业产值突破 500 亿元，达到 527.48 亿元；三次产业结构逐渐优化。2001 年第三产业产值首次超过第二产业产值，达到 729.08 亿元，第三产业产值比重达到 41.7%，三次产业从业人数比重 2002 年末达到 53.1∶16.8∶30.1。①

　　经济发展的良性运转刺激了市场对劳动力的需求。在 1997 年出台的《国务院批转公安部小城镇户籍管理制度改革试点方案和关于完善农村户籍管理制度意见的通知》《国务院办公厅转发劳动部等部门关于进一步做好组织民工有序流动工作意见的通知》指导下，重庆允许已经在小城镇就业、居住并符合一定条件的农业人口在小城镇办理城镇常住户口；重庆下辖的 77 个乡镇试点实行户籍制度改革，取消了"农转非"指标和"城市增容费"。1998 年，国家开始鼓励各地方政府在就地安置为主的前提下，开展有计划、有组织的劳务输出，并于 2000 年要求发展促进跨地区劳务协作，开展流动就业预测及监察保障流动就业者的合法权益，取消对农民进城就业的不合理限制。2001 年 3 月，《国务院批转公安部关于推进小城镇户籍管理制度改革意见的通知》正式颁布，该通知允许农村剩余劳动力向小城镇转移，以加快城镇化进程。2002 年，重庆在除主城区外的各区县政府所在地实行户口管理改革，凡有固定居所者均可迁移，通过投资纳税、购买商品房等方式入户，一大批符合条件的农村剩余劳动力实现了户籍转变。国家政策的调整鼓励了更多的农村剩余劳动力进入转移大军中，有相当部分劳动力开始向省外转移，尤其是江浙、沿海地区。2000～2002 年，重庆留在本区县务工的劳动力比重逐年降低，分别为 33.9%、24.75%、22.31%，向省外转移劳动力比重逐年增加，分别为 40.26%、50.41%、50.65%；城镇单位使用的农村劳动力年末人数从 1997 年的 20.6 万人上升到 2002 年的 21.95 万人，城镇单位使用农村劳动力年末人数占从业人员总数比例从 1999 年的 7.6%上升为 2002 年的 10.7%（李友根，2008）。

---

① 重庆市统计局，国家统计局重庆调查总队. 2002. 重庆统计年鉴（2002～2016）. http://www.cqtj.gov.cn/tjsj/shuju/tjnj/[2016-08-12].

2.3 转移增强阶段：2003～2009 年

从 2003 年开始，农民工的合法权益受损及工资拖欠问题凸显，受到社会公众和媒体的广泛关注。国务院各部门密集发布一系列政策文件，如《国务院办公厅关于做好农民进城务工就业管理和服务工作的通知》（2003）、《国务院办公厅转发教育部等部门关于进一步做好进城务工就业农民子女义务教育工作意见的通知》（2003）、劳动和社会保障部与建设部联合颁布《关于印发〈建设领域农民工工资支付管理暂行办法〉的通知》（2004）、《国务院关于解决农民工问题的若干意见》（2006）等。这些文件都要求维护转移农村剩余劳动力进城务工人员的合法权益，包括合同订立、参加社会保障、不准拖欠工资、培训阳光工程、农民工子女教育、安全生产及培训等方面。2009 年，中央经济工作会议要求放宽中小城市和城镇的户籍限制，加强中小城市与城镇发展，鼓励农村剩余劳动力转入中小城市或城镇。

自 2003 年出台了《重庆市人民政府关于建设服务型政府的工作意见》以后，对本地农村剩余劳动力转移慢慢地由管理转向服务。2005 年出台的《重庆市进城务工农民权益保护和服务管理办法》，该管理办法对农民工的务工扶持、权益保护、管理服务等内容进行了规定，以期为农民工提供一个宽松、安全的就业环境。2007年发布的《中共重庆市委 重庆市人民政府关于发展劳务经济促进城乡统筹的意见》，该意见引导农村剩余劳动力向第二、第三产业和城镇有序转移，推进劳务经济发展，改革完善农村土地制度、户籍制度、金融服务，加强对农民工的服务与管理，促进城乡统筹。

2008 年金融危机爆发，沿海地区中小企业因为海外产品市场的变化面临困境，用工需求急减，很多农民工不得不返乡等待再次转移的机会。为了应对大量农村剩余劳动力可能回流的局面，重庆市政府相继出台了《重庆市人民政府办公厅关于切实做好农民工返乡回流有关工作的通知》和《重庆市人民政府办公厅关于引导和鼓励农民工返乡创业的意见》，以应对到 2012 年高达 18 万的返乡农民工的回流，要求切实加强对农民工的信息引导和就业服务，开展有针对性的农民工培训。为了提升农村劳动力的就业技能，重庆从 2003 年开始实施"百万农村劳动力转移就业工程"和"重庆农村劳动力转移培训阳光工程"，同时出台了各种政策优惠引导和支持农民工在市、区县（自治县）创办各类企业，兴办各类专业合作组织、社会事业或从事个体经营等。2008 年发布的《重庆市人民政府关于印发重庆市 2007 年 12 月 31 日以前被征地农转非人员基本养老保险试行办法和重庆市 2008 年 1 月 1 日以后新征地农转非人员基本养老保险试行办法的通知》规定了失地农民和被征地农转非人员参加社会保险的相关事项，开始构筑广覆盖、低水平的社会保险网络，从而为更多农村剩余劳动力转移解除了后顾之忧。

在这些政策的刺激下，2000～2006 年，重庆农村剩余劳动力转移总数由 401.8 万人增加到 706.3 万人，年均增长 9.8%，占全市农村劳动力的比重由 29.6%提高到 51.7%；其中接受种类职业技能培训的农村劳动力 65.8 万人，占培训总数的 56.7%[①]；也就是说，农村一半以上的劳动力实现了转移就业，其中非农业就业比重高达 95.3%，到市外务工 361.5 万人，占总数的 51.2%；工作一年以上能稳定就业的约 400 万人，占总数的 56.7%；工资性收入占农民人均纯收入的比重达到 45.8%。[②]到 2007 年末，重庆累计转移农村劳动力 748 万人，占农村总劳动力的比重上升到 54.3%。"富侨保健""重庆月嫂"等一批特色劳务品牌的打造使 2000～2006 年转移农村剩余劳动力的劳务总收入由 133.2 亿元增加到 283.1 亿元，年均增长 13.4%，实现了农民收入的多元化。以 2008 年为例，工资收入、家庭经营收入、转移性纯收入、财产性收入占农民人均纯收入的比重为 42.8∶48.9∶7.1∶1.2。[③] 2009 年，重庆市农村人口数为 1384.08 万人，城镇化率达到 51.6%，全市外出人口为 782.98 万人，其中外出至市外的达 468.65 万人，占比为 59.9%；1 小时经济圈外出人口占总数的 51.2%，外出至市外的占总数的 40.9%[④]，农村劳动力转移的规模不断扩大，农民增收效应比较显著。

2.4　转移加速阶段：2010～2016 年

随着"314"总体部署和西部大开发的深入实施，国家中心城市和两江新区开

---

① 黄延信，孙立刚，程永航. 2007. 做好农村劳务开发　促进农村劳动力转移——关于重庆市农村劳务开发工作情况的调研报告 http://www.chinajob.gov.cn/EmploymentServices/content/2007-10/31/content_282644.htm [2016-06-26].

② 重庆市统计局，国家统计局重庆调查总队. 2002.重庆统计年鉴（2002～2016）. http://www.cqtj.gov.cn/tjsj/shuju/tjnj/[2016-08-10].

③ 重庆市统计局，国家统计局重庆调查总队. 2002. 重庆统计年鉴（2002～2016）. http://www.cqtj.gov.cn/tjsj/shuju/tjnj/[2016-08-10].

④ 重庆市统计局，重庆市 1%人口调查办公室. 2010. 2009 年重庆市 1%人口抽样调查数据公报. https://wenku.baidu.com/view/f5579e7e1711cc7931b7164d.html. [2016-08-16].

发开放，重庆经济发展又迈上了一个新台阶。一方面，2010～2015 年平均增长 12.8%；人均生产总值突破 8000 元，年均增长 11.8%。2015 年重庆生产总值达到 15 720 亿元，三次产业结构由 2010 年的 8.6∶44.6∶46.8 调整为 2015 年的 7.3∶ 45∶47.7。但另一方面，城市经济发展中建设用地供应紧张，而农村由于近一半以上的农村剩余劳动力实现转移就业，土地弃耕弃种现象严重。如何统筹城乡土地资源成为一个急迫的问题。随着 2008 年金融危机对沿海地区经济的影响加深，农民工回流的规模逐渐扩大，就业成为急需解决的经济社会问题。2010 年 3 月《重庆市就业促进条例》出台，该条例提倡农村剩余劳动力就近转移与异地转移相结合，继续发展劳务经济，推进劳务经纪人扶持政策，鼓励回乡农民工创业。

在这一时期，促进农村剩余劳动力转移最突出的举措就是实行具有重庆特色的户籍制度改革。重庆户籍制度改革于 2010 年 7 月 29 日正式启动，被称为户籍制度改革的"重庆模式"。改革之初，《重庆市人民政府关于统筹城乡户籍制度改革的意见》《重庆市户籍制度改革配套方案》和 2010 年 7 月 25 日配套发布《重庆市人民政府办公厅关于印发重庆市统筹城乡户籍制度改革社会保障实施办法（试行）的通知》规划了重庆户籍制度改革的目标、步骤与内容。其改革目标是到 2020 年将 1000 万农村人口转为市民。为了保障户籍制度改革的顺利进行，重庆市政府按照国务院相关文件精神，相继出台了许多政策文件。如 2012 年 9 月发布的《重庆市人民政府办公厅关于农民工户籍制度改革宅基地及附属设施用地处置利用等有关政策问题的通知》，对农村土地的处置进行了规定；2013 年 12 月 13 日发布了《重庆市人民政府办公厅关于进一步做好农民工工资清欠工作的通知》，要求继续保障农民工的合法权益，并对农民工的工资发放形式进行了要求；2013 年 12 月 20 日《重庆市人民政府关于优化全市产业布局加快五大功能区建设的实施意见》发布，提出依据五大功能区功能定位①发展产业，优化产业空间布局，功能区也成为户籍制度改革政策制定的依据；2015 年 9 月 2 日发布的《重庆市人民政府关于进一步推进户籍制度改革的实施意见》提出创新人口管理制度，取消农业户口，统一为居民户口；以居住证为载体，推动常住人口基本公共服务全覆盖；完善分区落户条件，有序减少渝东北生态涵养发展区、渝东南生态保护发展区的

---

① 2013 年 9 月 13～14 日，中共重庆市委四届三次全会在"一圈两翼"的发展战略基础上，综合考虑人口、资源、环境、经济、社会、文化等因素，将一小时通勤距离的"一圈"细分为都市功能核心区、都市功能拓展区、城市发展新区，欠发达的"两翼"定位为渝东北生态涵养发展区、渝东南生态保护发展区，进一步将各区县明确定位为五个功能区域。

人口载荷，引导农业转移人口向都市功能核心区、都市功能拓展区和城市发展新区集聚，争取到 2020 年，常住人口城镇化率达到 65%以上，户籍人口城镇化率达到 50%左右；2016 年 7 月 25 日出台了《重庆市户口迁移登记实施办法》，该实施办法规定统一全市户口迁移登记，普遍降低城镇落户门槛，实行五大功能区差别化落户政策；2016 年 9 月 13 日《重庆市居住证实施办法》发布，该实施办法规定在渝居住的非本市常住户口公民申领、使用居住证，享受基本公共服务和便利等相关事务进行了规范，也为吸引外地人才奠定了良好的制度基础。到 2016 年，重庆就户籍制度改革先后出台了 46 个政策性文件，其中总体性政策文件 6 个、户口迁移 5 个、土地处置利用 15 个、社会保障 7 个、工作规范文件 3 个，形成了完善的政策文件体系。①

　　这次改革的亮点有以下几个方面。第一，尝试建立转户居民宅基地、承包地和林地的弹性退出机制，设立农村土地交易所，通过宅基地等制度整治农村土地，形成地票，通过招拍挂形式实现农村土地的增值，通过城乡土地占补平衡，统筹城乡土地资源，在提升农村土地价值的同时为城市建设提供更多的建设用地。到 2015 年底共交易地票 17.3 万亩，农村产权抵押贷款达到 800 亿元②；截至 2016 年 6 月，重庆市共有 9.67 万户转户居民申请退出宅基地及附属设施用地，"地票"交易净收益的 85%归转户居民所有，15%归集体经济组织所有。第二，从制度上为转户居民制定了完整政策体系，后续政策根据改革中出现的问题再做出微调，比如农村土地和宅基地等由"三年过渡"改变为自愿退出，以保障农民合法权益，完善社会保险制度，尽可能地解除转户居民的后顾之忧。比如 2010 年 9 月 29 日发布的《关于重庆市农村居民转为城镇居民参加基本养老保险有关问题的处理意见》规定了三类转户居民分别适用不同的社会养老保险制度。到 2012 年 9 月 26 日，全市有 245 万名转户居民参加了各类养老保险，305 万人参加了医疗保险，15.3 万人享受到城市最低生活保障，43 068 户转户居民和农民工申请到公租房，占配租总数的 41.4%。③第三，在准入条件上，针对不同的区域实行差别化的进城条件，鼓励向小城镇集聚。比如，进入主城区需要务工经商 5 年以上，或购买商

　　① 崔佳，刘政宁.2016.重庆户籍制度改革：436 万人从农民变成市民，享受户籍制度改革红利. http://cq.cqnews.net/html/2016-06/13/content_37190200.htm[2016-08-24].

　　② 重庆市统计局，国家统计局重庆调查总队. 2016. 2016 年重庆市国民经济和社会发展统计公报. http://www.cqtj.gov.cn/tjsj/shuju/tjgb/[2017-03-20].

　　③ 陈波. 2012. 重庆农民工户籍制度改革累计转户 345 万. http://www.cq.xinhuanet.com/2012-09/28/c_113236757.htm[2016-06-23].

品住房，或投资兴办实业，而进入乡镇则基本没有门槛。第四，合理配置农村劳动力资源，减少渝东南、渝东北两翼人口负载，吸引转移人口向其他区域集聚，在资金、信贷等政策方面加大就业和创业扶持力度，保障农民工的合法权益。2015年末全市农村剩余劳动力非农就业累计810.3万人，其中当年新增18.3万人；返乡农民工就业创业 31.6 万人；免费为农民工初次鉴定颁证 4.9 万人；全年共为13.85 万农民工追发工资 20.5 亿元。[①]

截至 2016 年 6 月 13 日，重庆市累计转户 436.6 万人、112.5 万户。从区域分布看，在主城区、城市发展新区、渝东北生态涵养发展区、渝东南生态保护发展区落户人数分别为 77.2 万人、158.8 万人、133.7 万人、66.9 万人，比重比为 17.7：36.4：30.6：15.3；67%的转户农民选择了城市发展新区和渝东北生态涵养发展区。[②]随着五大功能区域发展战略的推进实施，2015～2016 年新增转户居民中，70%选择落户在都市功能拓展区和城市发展新区；重庆市户籍人口城镇化率由2010 年的 29%上升到 47.6%，提高了 18.6 个百分点，常住人口城镇化率从 51.6%上升到 60.9%，提高了 9.3 个百分点[③]，达到改革预期。

纵观重庆市农村剩余劳动力转移政策的演变历程，可以清晰地看出农村剩余劳动力转移的数量变化与政策直接关联，当政策宽松时，转移的数量就会增加。而政策从严到松，对流动农村剩余劳动力的管理方法从管制到服务，不仅体现了重庆市经济社会发展形势的转变、市场对劳动力需求的增强，更体现了人力资源在经济社会发展过程中的主动、积极的作用。尤其是权利意识的觉醒使专家、学者和公众、甚至农民工都意识到平等的重要性，同时也赋予了广大的农村剩余劳动力"用脚投票"的选择权。政策是为经济社会发展服务的，也是管理的重要手段。政策的变迁也意味着管理者管理思维的变化，而管理思维又是在市场经济发展的驱使下形成的。

---

① 重庆市统计局，国家统计局重庆调查总队. 2015. 2015 年重庆市国民经济和社会发展统计公报. http://www.cqtj.gov.cn/tjsj/shuju/tjgb/201603/t20160311_423854.htm[2016-03-11].

② 崔佳，刘政宁. 2016. 重庆户籍制度改革：436 万人从农民变成市民，享受户籍制度改革红利. http://cq.cqnews.net/html/ 2016-06/13/content_37190200.htm[2016-08-24].

③ 崔佳，刘政宁. 2016. 重庆户籍制度改革：436 万人从农民变成市民，享受户籍制度改革红利. http://cq.cqnews.net/html/ 2016-06/13/content_37190200.htm[2016-08-24].

第 3 章
重庆市农村劳动力转移的现状与问题剖析

　　重庆市作为全国面积最大、行政单元最多、人口最多的直辖市，有着较为突出的二元经济社会结构特征，这在很大程度上造成了大量剩余劳动力滞留在有限的土地上的现象。农村剩余劳动力的大量滞留将会导致劳动力资源的浪费，也会制约农业劳动生产率的提高，从而影响农业现代化、工业化与城市化的发展。发展经济学认为，剩余劳动力从传统农业部门向现代非农产业部门的转移是经济发展的核心问题。对于二元经济特征显著的重庆市来说，拥有大量的农业人口，转移剩余劳动力自然是重庆市加快经济发展必须要解决的重要问题，也是破解"三农"问题和实现城乡统筹发展的根本措施。本章运用基于生产资源配置优化模型的结构比较方法对重庆市被设立为直辖市以来农村剩余劳动力的数量进行了合理的估算，在此基础上，结合国家政策的变化和重庆市经济社会发展的实际情况，对重庆市农村剩余劳动力转移的历史进行梳理，并重点考察重庆市农村劳动力转移的基本特征，试图为城乡统筹背景下重庆市农村劳动力转移效应与影响因素的实证研究提供经验事实，为重庆市制定促进农村劳动力有序转移的相关政策提供新参照。

3.1　重庆市农村剩余劳动力①的数量估测

　　分析重庆市农村劳动力转移问题，前提是弄清楚重庆市农村剩余劳动力的数

---

① 严格来说，农村剩余劳动力包括农业剩余劳动力和农村非农产业剩余劳动力。但在我国农村非农产业产生的剩余劳动力非常少，几乎可以忽略不计，这对经济欠发达的重庆市来说更是如此。有鉴于此，这里将农业剩余劳动力数替代农村剩余劳动力数，对这两个概念不加区分。

量，这是研究工作的逻辑起点。为此，本节将运用基于生产资源配置优化模型的结构主义方法对重庆市被设立为直辖市以来的农村剩余劳动力的数量进行估测。

中华人民共和国成立以后，我国在资本和技术稀缺的条件下选择了优先发展重工业的战略，为了支持工业和城市的发展，中央政府制定了以户籍制度为核心的住房、教育、医疗以及就业等制度体系。[①]这种城乡隔离的制度安排不仅使城镇居民和农村居民被人为分割在不同性质的经济体系中，享受不同的社会福利待遇，也限制了农村劳动力的乡城流动，使大量的剩余劳动力滞留在有限的土地上（陈扬乐，2001）。尽管农村劳动力是农业发展以及整个社会化大生产顺利进行的必要条件，但是剩余劳动力大量滞留在有限的土地上，势必会造成劳动力资源的浪费，制约农业劳动生产率的提高，从而影响农业现代化、工业化与城市化的发展。可以说，大量农村剩余劳动力滞留是"三农"问题产生的根源，促进农村剩余劳动力的有序转移是破解"三农"问题和实现城乡统筹发展的根本措施。改革开放以来，随着家庭联产承包责任制在农村的实施及推广，极大地提高了农村劳动力的生产率，这也使长期存在的农村剩余劳动力问题逐渐凸显，从而在全国掀起了农村劳动力转移的热潮。但是，我们需要清楚地看到，中国农村剩余劳动力的存量还比较大，农村剩余劳动力转移的任务依然艰巨。因此，合理预测农村剩余劳动力数量对于制定促进农村剩余劳动力顺利转移的相关政策具有重要的基础性意义。

那么，我国到底还有多少农村剩余劳动力？根据不同学者的估计，我国农村劳动力剩余数量在1亿~1.5亿（陈锡康，1992；王红玲，1998；王检贵，2005；等等），或2.5亿~3亿（樊纲，2007）直到2011年仍然有852万（张兴华，2014）。[②]樊纲（2007）也认为，我国仍将长期处于劳动力过剩阶段，只有将农业劳动力在全国劳动力的比重达到10%左右，才到了所谓的"刘易斯拐点"。吴要武（2007）从非正规就业规模变化、非技术工人工资变化等方面论证了中国经济正在靠近刘易斯转折点。黎煦（2007）基于经济史的角度从剩余劳动力减少、工资上升等几个方面说明了中国经济发展正在进入刘易斯转折点。不过，也有学者认为，"刘易斯拐点"并未到来。如贾先文等（2010）等认为我国农村

① 1958年国务院颁布了《中华人民共和国户口登记条例》，此后又进一步推行了与这种户籍制度相配套的粮食供给、住房、教育、医疗和就业等制度。
② 张兴华. 2014. 农村还有多少剩余劳动力. http://finance.ifeng.com/a/20140212/11635538_0.shtml [2016-07-14].

劳动力至少还有一二十年才可能达到"刘易斯拐点"。宋世方（2009）通过对1997～2005 年经济数据的估算发现，我国农村劳动力于 1997 年达到"第一个刘易斯拐点"（劳动力转移开始影响工资水平之时），但是目前还没有足够的经验事实表明，我国已经达到"第二个刘易斯转折点"（劳动力转移使两部门边际产品相等之时）。无论是否达到"刘易斯拐点"，但大量农民工外出的事实却是存在的。2015 年农业劳动力占全国劳动力的比重仍为 28.3%[①]，全国仍然有总量达到 27 747 万人[②]的农民工在本地或外地务工，佐证了我国仍然存在大量的过剩劳动力这一现实。

对农村剩余劳动力的估算，采取的估算方法不同，导致了估测结果存在较大的差异。[③]可见，估算方法的科学选择对我国农村剩余劳动力数量的合理估计至关重要。总的来说，目前估算农村剩余劳动力的方法大致可以分为直接调研法（何景熙；1999）、技术效率法（郭金兴，2008；Bhattacharyya and Parker，1999）、要素比例法（陈先运，2004；蔡昉等，2007）和结构比较法（刘建进，1997；王红玲，1998；王检贵，2005）。其中，结构比较法认为，在典型的二元经济结构中，农业部门与非农业部门的生产效率存在差异，在这种情形下，剩余劳动力的数量就等于当农业部门生产效率提高至某一特定水平[④]时所需的农业劳动力投入和实际劳动力投入的差额（郭金兴，2008）。在实际估算时，我们通过建构农业部门与非农业部门的生产函数就可以得到相应的估算条件（刘建进，1997；王红玲，1998）。考虑到结构比较法相比其他三种方法的优势，以及中国特别是本书研究样本重庆市二元结构矛盾突出的特征，选择结构比较法可能更为合适。目前，结构比较法比较具有代表性的是钱纳里等（1986）提出国际比较法与刘建进（1997）和王红玲（1998）建立的生产资源配置优化方法。前者参考的国际标准来自全球具有不同经济发展模式的 100 多个国家数据，显然无法提供一个可靠性的标准，这势必影响对剩余劳动力估计的精确度。与此不同的是，生产资源配置优化方法则以国内相关地区作为考察对象，因此其具有更高的针对性和准确性。为此，本

---

① 国家统计局. 2016. 2016 中国统计年鉴. http://www.stats.gov.cn/tj/2016/indexch.htm[2016-08-16].

② 国家统计局.2016.2015 年农民工监测调查报告. http://www.stats.gov.cn/tjsj/zxfb/201604/ t20160428_1349713 html[2016-08-16].

③ 在已有的估算结果中，数值从 4000 多万到 2 亿，差异悬殊。如陈锡康（1992）估计的为 2 亿，罗斯基和米德（1997）估计的为 1 亿，王红玲（1998）估计的为 1.17 亿人，王诚（1996）估计的为 1.38 亿人，农业部课题组和国家统计局（2000）估计的为 1.8 亿人，蔡昉等（2007）估计的为 4356 万人。

④ 这一特定水平可以与非农业部门的生产效率相同，或者相当于非农业部门生产效率的 1/3。

书运用王红玲（1998）的生产资源配置优化方法估算重庆市被设立为直辖市以来的农村剩余劳动力的数量。以此明确重庆市目前是否存在农业剩余劳动力以及具体的规模，进而对重庆市农业可持续发展和农村剩余劳动力有序转移相应措施的制定提供可资参考的指标。

3.1.1 农村剩余劳动力的估算方法

假设一个经济系统由农业部门和非农业部门两个子系统组成，并且假设农业和非农业部门都采用 Cobb-Douglas 型的生产函数（王晓鲁，1997），分别为

$$Q_1 = A_1(t)K_1^{\alpha_1}L_1^{\beta_1}D^{\gamma_1}e^{\varphi_d} \tag{3.1}$$

$$Q_2 = A_2(t)K_2^{\alpha_2}L_2^{\beta_2} \tag{3.2}$$

上式中，$Q_i(i=1,2)$ 表示农业部门和非农业部门的产出水平，$A_i(i=1,2)$ 表示农业部门和非农业部门的全要素生产率，K_i、$L_i(i=1,2)$ 表示投入到农业部门和非农业部门的资本和劳动力要素，D 表示农业部门的耕地面积，e 表示农业部门的耕地灌溉率，α_i、β_i、γ_1、ϕ_d 分别表示资本、劳动、耕地以及耕地灌溉率的系数。假定资本与劳动力受到的供给约束为

$$K = K_1 + K_2 , L = L_1 + L_2 \tag{3.3}$$

那么，第 i 行业 $(i=1,2)$ 的纯收入可以表示为（刘建进，1997）

$$I_i = P_iQ_i - P_i^lL_i - P_i^kK_i \quad (i=1,2) \tag{3.4}$$

式（3.4）中，P_i 表示第 i 行业的产品单价，P_i^l 和 P_i^k 则表示第 i 行业的劳动和资本的单位成本，并且 $P_i^k=1+r_i$（r_i 为利率），那么，P_iQ_i 就表示第 i 行业的总收入。假定农民是理性的，其在全行业配置资本和劳动的最优原则就是实现所有行业纯收入之和的最大化，即

$$\max_{K_i,L_i} I = \max_{K_i,L_i} \sum_i I_i$$
$$s.t. \quad K = \sum K_i, L = \sum L_i \tag{3.5}$$

则式（3.5）最优化问题的 *lagrangian* 函数表示为

$$\psi = \sum_i I_i + \lambda(K - \sum K_i) + \eta (L - \sum L_i) \tag{3.6}$$

式（3.6）中，λ 和 η 表示资本和劳动力的拉格朗日乘子，则该式的最优解应该满足下面的一阶条件

$$\frac{\partial \psi}{\partial K_i} = 0, \quad \frac{\partial \psi}{\partial L_i} = 0, \tag{3.7}$$

假定两个部门的生产函数式（3.1）和（3.2）满足齐次性，那么，$\alpha_1 + \beta_1 + \gamma_1 = 1$，$\alpha_2 + \beta_2 = 1$，则可以推导出资本和劳动力在两个部门配置实现均衡时应该满足的必要条件，即

$$\frac{I_1}{L_1} - \frac{K_1}{L_1}\eta - P_1\frac{D}{L_1}\frac{\partial Q_1}{\partial D} = \lambda, \quad \frac{I_2}{L_2} - \frac{K_2}{L_2}\eta = \lambda \tag{3.8}$$

根据式（3.1），得到土地要素的边际生产力 $\frac{\partial Q_1}{\partial D} = \gamma_1\frac{Q_1}{D}$，令 $Y_1 = P_1Q_1$ 表示农业总收入，则式（3.8）可以转换为

$$\frac{I_1}{L_1} = \frac{I_2}{L_2} + \gamma_1\frac{Y_1}{L_1} - \left(\frac{K_2}{L_2} - \frac{K_1}{L_1}\right)\eta \tag{3.9}$$

式（3.9）就可以作为判断是否存在未得到合理配置的劳动力即剩余劳动力的检验条件。为了更好地说明这一点，我们令

$$h_1 = 1 + \gamma\frac{Y_1/L_1}{Y_2/L_2} - \eta\left(\frac{K_2}{L_2} - \frac{K_1}{L_1}\right)/\left(\frac{I_2}{L_2}\right)$$

$$h_2 = \frac{I_1/L_1}{I_2/L_2} \tag{3.10}$$

王红玲（1998）假定中国的农村金融市场可以忽略资本的约束条件，即 $\eta = 0$。如果 $h_1 = h_2$，说明劳动力资源已经得到最优化配置；如果 $h_1 \neq h_2$，则说明劳动力资源并没有得到最优化配置，也就是说，经济系统存在剩余劳动力。更进一步地，如果 $h_2 > h_1$，则表明农业部门存在剩余劳动力。根据王红玲（1998）的研究结论，假定农业部门剩余劳动力数量为 L_s，则

$$L_s = L_1 - [(I_1L_2 - \gamma Y_1L_2)/I_2] \tag{3.11}$$

3.1.2　重庆市农村剩余劳动力的估测

利用上述公式（3.3～3.11），我们估算了重庆市近几年来农业剩余劳动力的情

况。需要说明的是，公式中的 L_1 和 L_2 用从事农业和非农产业的劳动力人数表示，I_1 和 I_2 用农业部门和非农业部门的纯收入表示，Y_1 用农业总产值表示。考虑数据的可获得性，这里只估测了 2003～2009 年重庆市农业剩余劳动力的数量。具体估算结果如图 3-1 所示。

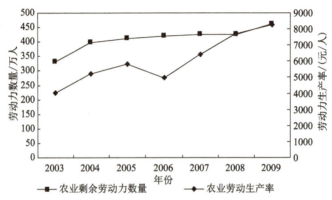

图 3-1　重庆市 2003～2009 年农业剩余劳动力数量

资料来源：重庆统计年鉴 2010，并根据王红玲（1998）方法估算而成

　　刘易斯（Lewis，1954）认为，剩余劳动是传统农业部门的重要特征，所谓剩余劳动就是指边际生产率为零或者为负的劳动数量。费景汉和拉尼斯（Fei and Ranis，1964）进一步完善了刘易斯的剩余劳动理论。从此，剩余劳动从传统农业部门向现代非农产业部门的转移成为经济发展的核心问题。对于二元经济特征显著的重庆市来说，拥有大量的农业人口，转移剩余劳动力自然是重庆市加快经济发展中必须要解决的重要问题。那么，剩余劳动力转移的源泉是什么？李勋来等（2005）认为，农业生产率的不断提高是剩余劳动力从农业"释放"出来并转移的源泉，农业劳动生产率的高低与变化快慢则反映了农业剩余劳动力从农业"释放"的数量和速度。图 3-1 显示的是重庆市 2003～2009 年农业剩余劳动力数量与农业劳动力生产率趋势。从中可以看出，随着农业劳动生产率的不断提高，重庆市农业剩余劳动力数量总体上呈现出持续上升趋势。从宏观背景来看，2003 年中央政府在全国范围内开始力推农村税费改革，2004 年开始党中央、国务院每年连续出台以"三农"问题为重点的"一号文件"，试图通过体制机制创新改变城乡二元经济结构，从根本上破解日益突出的"三农"问题。从微观背景来看，重庆市在此期间非农产业尤其是工业发展迅速，从而为农业的发展奠定了经济基础。在这些利好的背景下，重庆市农业劳动生产率得到了迅速提升，从 2003 年的 4044.47

元/人增加到 2007 年的 6400.55 元/人，农业剩余劳动力也从 2003 年的 331.22 万
人上升到 2007 年的 424.08 万人，截至 2009 年，剩余劳动力已达到了 460.64 万
人，为 2003 年的 1.39 倍。这在某种程度上表明，农业劳动生产率越高和增长越
快，从农业中产生的剩余劳动力数量也就越大，其转移的速度也将加快。这和李
勋来等（2005）的研究结论是一致的。

3.2　重庆市农村劳动力转移的分布特征

前文关于重庆市农村劳动力转移历程的梳理，我们运用的是时间序列数据或纵
向数据，在本节中将选取面板数据（panel data），对重庆市农村劳动力转移的总体
状况进行考察，揭示城乡统筹背景下重庆市农村劳动力转移的特征事实。值得一提
的是，为了全面分析重庆市农村劳动力转移情况，以下分析的数据主要来源重庆市
第二次全国农业普查领导小组办公室、重庆市统计局和国家统计局重庆调查总队对
重庆市开展的第二次全国农业普查[①]，以及重庆市农委农村固定观察站对重庆市 16
个区县（自治县、市）[②]中等水平的样本村或十个固定观察村[③]农村劳动力外出情况
的跟踪调查等，而近年来的数据主要来自重庆市历年 1%人口抽样调查和政府公报。

3.2.1　重庆市农村劳动力转移的人口学特征

表 3-1 显示的 2006 年重庆市农村外出从业劳动力[④]的性别、年龄以及文化程
度分布情况。从中可以看出，重庆市农村外出从业劳动力总体上呈现出男性比例
高、年轻化以及文化程度偏低等特征。具体来说，农村外出从业劳动力以男性为

---

① 根据国务院决定，重庆市开展了第二次全国农业普查。这次普查的标准时点为 2006 年 12 月 31 日，时期
资料为 2006 年度。普查对象为重庆市辖区内的农村住户、城镇农业生产经营户、农业生产经营单位、村民委员
会和乡镇人民政府。普查主要内容包括农业生产条件、农业生产经营活动、农业土地利用、农村劳动力及就业、
农村基础设施、农村社会服务、农村居民生活以及乡镇、村民委员会和社区环境等方面的情况。

② 这 16 个区县（自治县、市）包括合川、永川、大足、巴南、璧山、梁平、渝北、长寿、涪陵、巫山、云
阳、奉节、石柱、万盛、黔江、武隆。

③ 这 10 个固定观察村是指奉节长河、巴南和平、涪陵红专、合川晋岩、江津农庆、秀山长水、石柱石岭、
开县洪亮、大足转洞和梁平万安。

④ 需要说明的是，这里的外出从业劳动力是指到本乡镇以外从业的户籍劳动力。根据重庆市第二次全国农
业普查数据，2006 年重庆市农村户籍外出劳动力总量 860 万人，其中到本乡镇行政管辖区域以外从业的户籍劳动
力 457 万人，在本乡镇行政管辖区域以内从事第二、第三产业的非农从业劳动力 140 万人，举家外出到乡镇以外
的农村户籍劳动力 263 万人。显然，外出从业劳动力是农村转移劳动力的主要部分。

主，2006 年外出从业的男性劳动力为 286.1 万人，占总转移量的 62.6%，而女性劳动力为 170.9 万人，仅占总转移量的 37.4%。从年龄来看，农村外出从业劳动力倾向于年轻化，并存在拐点。在 40 岁以下，外出从业劳动力比重与年龄呈显著的正相关，年龄越大，外出比重越高。其中，20 岁及以下外出从业劳动力的比重为 12.4%，21～30 岁外出从业劳动力的比重为 27.8%，31～40 岁外出从业劳动力的比重为 41.4%。但在 40 岁以上，外出从业劳动力比重与年龄呈显著的负相关，年龄越大，外出比重越小。其中，41～50 岁外出从业劳动力的比重为 13.3%，50 岁以上外出从业劳动力的比重进一步下降为 5.1%。如果以 40 岁为界，40 岁以下外出从业劳动力的比重为 81.6%，40 岁以上外出从业劳动力的比重则为 18.4%，前者比后者高出 63.2 个百分点。从文化程度看，农村外出从业劳动力中以初中文化程度为主。在外出从业劳动力总量中具有初中文化程度的人数所占比重高达 66.7%，其次是具有小学、文盲文化程度的人数所占比重之和为 26.7%，而具有高中文化程度的人数所占比重只有 6.1%，具有大专及以上文化程度人数所占比重仅仅为 0.5%。此外，农村外出从业劳动力的性别、年龄与文化程度在 1 小时经济圈、渝东北翼和渝东南翼三大经济圈①的分布情况基本一致。

表 3-1　2006 年重庆市外出从业劳动力的性别、年龄及文化程度分布　　单位：%

	全市	1 小时经济圈	渝东北翼	渝东南翼
外出从业劳动力性别构成				
男性	62.6	61.3	63.6	64.1
女性	37.4	38.7	36.4	35.9
外出从业劳动力年龄构成				
20 岁及以下	12.4	12.0	12.4	14.0
21～30 岁	27.8	26.6	28.1	31.3

① 2006 年 11 月，重庆市提出了"一圈两翼"发展战略，即以主城为核心、以大约 1 小时通勤距离为半径范围的城市经济区（"一圈"），建设以万州为中心的三峡库区城镇群（渝东北翼）和以黔江为中心的渝东南城镇群（渝东南翼）。"一圈两翼"将被作为未来重庆的战略构想，到 2020 年，1 小时经济圈内将形成 1 个特大城市、5 个大城市、7 个中等城市、若干小城市的城市体系。以此为核心，带动渝东北、渝东南两翼生态区的发展，形成中国西部具有明显聚集效应和竞争优势的强力增长极。其中，1 小时经济圈主要包括主城九区，以及永川区、江津区、合川区、双桥区、万盛区、南川区、涪陵区、长寿区、潼南县、铜梁县、大足县、荣昌县、璧山县、綦江县（共 23 个区县）；渝东北翼包括万州区、城口县、巫溪县、巫山县、开县、云阳县、奉节县、梁平县、忠县、垫江县、丰都县（共 11 个区县）；渝东南翼包括黔江区、秀山县、酉阳县、石柱县、彭水县、武隆县（共 6 个区县）。

续表

	全市	1 小时经济圈	渝东北翼	渝东南翼
外出从业劳动力年龄构成				
31～40 岁	41.4	42.4	41.1	38.7
41～50 岁	13.3	13.6	13.5	11.7
50 岁以上	5.1	5.4	4.9	4.3
外出从业劳动力文化程度构成				
文盲	0.6	0.4	0.7	0.9
小学	26.1	21.7	30.2	29.7
初中	66.7	70.1	63.5	63.6
高中	6.1	7.1	5.1	5.2
大专及以上	0.5	0.6	0.5	0.6

资料来源：《重庆市第二次全国农业普查主要数据公报》，统计时期资料为 2006 年度

3.2.2　重庆市农村劳动力转移的区域特征

一般来说，基于转移的区域或空间视角，农村劳动力的转移可以划分为就地转移和异地转移两种类型。前者是指农村劳动力在本地区的非农产业部门从事经济活动，而后者是指农村劳动力的跨地区流动。从转移的区域分布看，农村劳动力转移的初期一般以区域内就地转移为主，而后逐步向跨区域转移为主的阶段发展，重庆市农村劳动力转移的区域分布自然也符合这一发展趋势。表 3-2 和表 3-3 显示的是重庆市农村外出从业劳动力的区域分布情况。从中可以看出，样本村市外转移劳动力占样本村全部外出劳动力的比重总体上呈上升趋势，从 2000 年的 40.26%逐步增加到 2004 年的 65.0%，增加了 24.74 个百分点。县外市内从业劳动力的比重则从 2000 年的 25.84%略微增加到 2004 年的 27.51%，上升了 1.67 个百分点。而在乡外县内从业的劳动力所占比重从 2000 年的 33.9%直线下降到 2004 年的 10.85%，减少了 23.05 个百分点。从 2006 年农业普查数据来看，市外、县外市内以及乡外县内外出从业劳动力的比重依次为 67.7%、19.5%和 12.8%。从三大经济圈来看，1 小时经济圈外出从业劳动力以市外和县外市内为主，两者的比重分别为 49.7%和 33.6%，而渝东北翼和渝东南翼外出从业劳动力则仅以市外为主，其比重高达 84.9%和 81.8%。这是因为 1 小时经济圈较其他经济圈来说，交通更为便利，非农产业发展比较迅速，经济基础较为发达，在县外市内的就业机会自然也较多。以上数据可以充分表明，重庆市外出从业劳动力具有明显的向市外转移的倾向，这

对于经济相对欠发达的渝东北翼和渝东南翼两个经济圈来说更是如此。

更进一步看，在市外从业的农村劳动力主要流向了广东、江浙、福建等东部沿海经济发达地区。改革开放以来，东部地区在国家政策和资金的重点扶持下，抓住全球经济结构调整和产业转移的良好机遇，大力推进基础设施建设，并积极招商引资，从而快速推动了第二产业和第三产业的发展，增加了对具有低廉成本特征的农村劳动力的需求。东部地区具有相对较高的预期收益和就业概率，自然成为吸引外出从业劳动力最多的区域。在 2006 年市外转移的外出从业劳动力中（表 3-3），转移到东部地区的人数占 45.1%，转移到西部地区的人数占 18.66%，而转移到中部地区的人数仅占 3.9%。另外，随着产业从东部地区向中西部地区的转移，以及西部大开发的深入推进，西部地区的劳动力需求将迅速扩大，重庆市农村外出从业劳动力向西部地区转移的比重也将有所增加。总的来说，重庆市农村劳动力呈现出以东部地区为主、西部地区为辅的全方位转移格局。

表 3-2　2000～2004 年重庆市样本村外出从业劳动力的区域分布

	2000 年	2001 年	2002 年	2003 年	2004 年
外出劳动力数量构成					
样本村劳动力（人）	13 548	13 004	11 331	13 804	13 466
外出劳动力（人）	3 592	3 914	3 503	4 243	4 682
外出从业劳动力从业地区构成（%）					
乡外县内	33.90	24.75	22.13	10.85	10.85
县外市内	25.84	24.84	27.23	27.51	27.51
市外	40.26	50.41	50.65	61.64	65.0

资料来源：重庆市农业委员会办公室、农村固定观察点办公室，2005

表 3-3　2006 年重庆市外出从业劳动力的区域分布

	全市	1 小时经济圈	渝东北翼	渝东南翼
外出从业劳动力从业地区构成（%）				
乡外县内	12.8	16.7	8.4	11.6
县外市内	19.5	33.6	6.8	6.6
市外	67.7	49.7	84.9	81.8
其中：东部	45.1	33.1	56.6	54.5
中部	3.9	2.9	4.9	4.7
西部	18.66	13.7	23.4	22.6

资料来源：《重庆市第二次全国农业普查主研数据公报》，统计时期资料为 2006 年度

3.2.3　重庆市农村劳动力转移的产业特征

非农产业比农业产业具有较高的比较劳动生产率，这对于理性的农村劳动力来说，向非农产业转移便成为首要的选择。从这个角度说，农村劳动力的转移实质就是产业间的转移。但农村劳动力在向非农产业转移的过程中，受到如个人要素禀赋、技术、资金、政策以及制度等多重约束，其从事的行业绝大多数属于传统的劳动密集型产业，主要集中在工业、建筑业以及方便居民生活的服务业等与体力密切相连且具有高度可替代性和竞争性的非农产业部门。[①]除此之外，这些非农产业部门一般属于市场主导而非政府主导的经济部门。这是因为市场主导的经济部门对外出从业的农村劳动力不采取歧视性做法，而政府主导部门在招收农村劳动力方面还受到诸多限制（王萍，2008）。根据重庆市农村社会经济调查队对1800个农村住户抽样调查，2004年外出从业（乡以外）的农村劳动力中，从事第二产业的劳动力比重为59.8%，其中从事工业的劳动力比重为31.5%，从事建筑业的劳动力比重为28.3%，从事第三产业的劳动力比重为39.4%，从事交通运输业的劳动力比重为2.5%，从事商业的劳动力比重为2.7%，从事住宿、饮食业、居民服务等行业的劳动力比重为34.2%；而从事第一产业的劳动力比重仅为0.8%。[②]2005年的调查数据仍然显示，外出从业劳动力就业选择的主要领域为建筑、餐饮、服装、车工、焊工、家政、装卸等非农产业，其中从事第二产业的劳动力占67.9%，从事第三产业的劳动力占31.6%。[③]从2006年重庆市第二次全国农业普查数据看，选择在第二产业就业的农村劳动力人数为287.5万，选择在第三产业就业的农村劳动力人数为162.2万，而选择在第一产业就业的农村劳动力人数只有6.9万，外出从业劳动力在这三次产业的分布比重依次为1.5%、62.9%和35.5%（表3-4）。从三大经济圈来看，渝东北翼和渝东南翼两个经济圈的外出劳动力从事第二产业和第一产业的比重都大于1小时经济圈，从事第三产业比重则小于1小时经济圈。这说明地区经济发展水平不同，农村转移劳动力在产业选择上也存在一些差异。总体

① 根据国家政策研究室和农业部的抽样调查资料，2004年外出农村劳动力中就业于种植业、渔业、林业、工业、建筑业、商业、运输业、饮食服务业的比重分别为1.96%、1.96%、0.98%、28.43%、22.55%、7.84%、4.9%、14.71%，主要分布于工业、建筑业和饮食服务业三个领域。

② 国家统计局. 2005. 重庆市农村劳动力异地转移呈现七大特点. http://finance.sina.com.cn/roll/20050708/141788984t.shtml[2011-11-16].

③ 国务院发展研究中心. 重庆农村劳动力转移呈现六大特征，东部沿海分布过半. http://www.drcnet.com.cn/DRCnet.common.web/[2006-04-04].

来说，重庆市农村劳动力以非农产业转移为主，且集中于产业层次较低的劳动密集型产业。

表 3-4　2006 年重庆市外出从业劳动力的产业分布　　　　　　单位：%

	全市	1 小时经济圈	渝东北翼	渝东南翼
外出从业劳动力产业构成				
第一产业	1.5	1.4	1.5	2.0
第二产业	62.9	58.7	66.3	68.6
第三产业	35.5	39.8	32.2	29.5

资料来源：《重庆市第二次全国农业普查主研数据公报》，统计时期资料为 2006 年度

3.2.4　重庆农村劳动力转移的方式特征

目前农村劳动力在产业间和区域间的转移主要有三种路径。一是通过政府机构的组织方式实现有序转移。在市场经济比较成熟的国家，劳动力的流动受劳动力市场供求的调节而非政府机构的组织。但像正在向市场经济体制转型的中国，劳动力市场发育程度还不够完善，缺乏有效的劳动信息网络，劳动力自身的素质还有待提高，这就需要政府在引导、规划、资金投入、政策等方面加强环境的塑造以及通过技能培训方式加强农村劳动力自身条件的塑造，实现农村劳动力的顺利且稳定转移。二是通过亲朋好友方式实现连锁转移。对于初次外出从业的农村劳动力来说，亲朋好友的带引、介绍与帮助不但为其提供了较为丰富的就业信息，提高了其就业的概率，同时还降低了其远离他乡所产生的心理成本。这种以地缘和亲缘为关系纽带的连锁转移成为目前农村劳动力转移非常重要的一种非正式途径。三是通过自发形式实现诱致性转移。这种转移是在外部利益的驱使下而非政府机构的引导和亲朋好友的"传帮带"下发生的，在一定程度上活跃了劳动力市场。当然，需要指出的是，这种自发形式的乡城转移也会对城市带来一定的负面影响。

从 2003 年以来，重庆市各级政府积极推动《中共重庆市委、重庆市人民政府关于实施百万农村劳动力转移就业工程的意见》出台，大力实施农村劳动力转移促进计划，并出台了"八个一"①工作计划。政府的统筹安排，积极组织、引导、

---

① "八个一"工作计划是指组建一个劳务转移中介公司，建立一个农村劳动力转移的行业协会，构建一张劳动力输出网络，打造一个劳务品牌，配备一本职业资格证书，成立一个农民工服务中心，培训一批农民，转移一批农民工。

服务与管理对农村劳动力的有序转移发挥了重要作用。2003 年全市农村富余劳动力新增转移了 40.5 万人，2004 年又实现了新增转移劳动力近 40 万人的目标任务。但是，相对于规模庞大的农村富余劳动力存量来说，政府组织农村劳动力转移的数量不够多，其增量对农村富余劳动力存量的边际影响还很小。根据重庆市农村社会经济调查队对 1800 个农村住户抽样调查，2004 年末在重庆市外出从业的农村劳动力中，通过自发转移方式实现转移的劳动力占 29.9%，通过亲属朋友和中介机构介绍方式实现转移的劳动力占 68.9%，而通过政府组织方式实现转移的劳动力比重仅占 1.2%。[1]根据 2005 年的抽样调查数据，在外出从业的农村劳动力中，有 50.9%的劳动力为自发外出，有 47%的劳动力为亲朋好友介绍外出，只有 2.1%的劳动力为政府部门组织外出。[2]三种方式实现转移的结构说明，重庆市农村劳动力转移以自发转移和亲朋好友带动转移这两种市场配置方式为主。

3.2.5　重庆农村劳动力转移的型态特征

农村劳动力的转移型态是指在特定制度框架下劳动力转移表现出来的特定型态。这就意味着，在制度创新与演变的过程中，不同的制度安排必然有不同的农村劳动力转移型态与之相适应。国际经验表明，发达国家在工业化的进程中，呈现出两种具有代表性的农村劳动力转移型态，即以欧美为代表的"专业型"和以日本为代表的"兼业型"。"专业型"转移的结果是实现了农民向市民的身份转变；"兼业型"的转移者可以拥有完全或部分的土地产权，并不一定要实现身份的变迁。不过，这两种类型都拥有相同的制度特征，那就是公平自由的就业制度、完善的土地产权制度以及城乡统一的社会保障制度。显然，发达国家的两种转移型态不足以解释中国的现实。这就需要把农村劳动力转移问题放置于中国特定的制度背景下加以探讨，对于城乡二元结构矛盾比较突出的重庆市来说亦是如此。

当前，重庆市农村劳动力的转移依然受到并不完全的农村土地产权制度和并不完善的社会保障制度的约束。当社会保障功能弱化的时候，理性的农民会强化

---

① 国家统计局. 2016. 重庆市农村劳动力异地转移呈现七大特点. http://finance.sina.com.cn/roll/20050708/141788984t.shtml[2011-11-16].

② 国务院发展研究中心. 2006. 重庆农村劳动力转移呈现六大特征，东部沿海分布过半. http://www.drcnet.com.cn/DRCnet.common.web/[2016-04-14].

土地的保障功能，以此替代至少是暂时的社会保障功能。当农民在城市有了相对稳定收入来源和比较安定的住所后，他们会逐渐降低对土地的依赖程度。张应良等（2006）调查发现，重庆市农村劳动力转移主要表现为两种型态：一是不失去土地又无社会保障的"兼业型"，该类型转移劳动力没有摆脱土地的社会保障功能，常常利用闲暇时间来经营农业以维持生计；二是尽管不失去土地但依靠外出从业来实现自身保障的"分离型"，该类型转移劳动力可以依靠相对较高的收入维持自己的基本保障，但并不愿意放弃土地的使用权（张应良等，2006）。抽样调查数据显示，在转移的农村劳动力中，"兼业型"转移所占的比重为90.42%，而"分离型"转移所占的比重只有9.58%。从三大区域来看，经济发展水平较高的都市发达经济圈"兼业型"转移的比重最少，仅为83.87%，而"分离型"转移的比重最大，高达16.13%；与此相反的是，经济发展水平相对落后的三峡库区"兼业型"转移比重最大（92.66%），"分离型"转移比重最少（7.34%），如表3-5所示。这是因为经济发展水平较高的地区，农民获取的非农产业收入较多，对土地的保障依赖自然没有经济欠发达地区农民那么强烈。总的来说，重庆市农村劳动力的转移仍然是以"兼业型"为主，这种型态的选择具有明显的空间差异性。

表3-5 重庆市三大区域农村住户调查基本情况

	都市发达经济圈	渝西经济周廊	三峡库区	合计
样本（户数）	179	210	593	982
农业人口（人）	532	768	2187	3487
其中：劳动力（人）	442	592	1471	2505
劳动力占农业人口比重（%）	83.08	77.08	67.26	
转移劳动力（人）	155	231	627	1013
"兼业型"劳动力转移人数（人）	130	205	581	916
占转移劳动力比重（%）	83.87	88.75	92.66	90.42
"分离型"劳动力转移人数（人）	25	26	46	97
占转移劳动力比重（%）	16.13	11.25	7.34	9.58

资料来源：2004年重庆市政府发展研究中心招标课题"重庆农村劳动力有序转移与农民增收的案例分析及对策研究"的调查样本资料

3.3　重庆市农村劳动力转移的问题剖析

综上所述，我们可以清楚看到，重庆市被设立为直辖市以来，在政府部门的大力推动、农村劳动力的主动响应以及社会组织的积极参与下，重庆市农村劳动力转移取得了较大的成绩，但由于体制约束和户籍等多重制度的限制，重庆市农村劳动力转移还存在以下几方面比较突出的问题。

3.3.1　农村转移劳动力的人力资本水平偏低

舒尔茨（1990）在其经典著作《论人力资本投资》中指出，人的才干、知识和技能是一种资本，人力资本是人类自身在经济活动中获得收益并不断增值的能力所组成的。并且，人力资本投资的收益远大于物力资本投资的收益，而教育投资则是人力资本投资的主要部分。从这个角度看，文化程度越高，人力资本水平也就越高。就农村劳动力转移来说，人力资本水平对农村劳动力的就业开拓能力和就业选择能力具有重要的影响。理论研究和经验证实，文化程度较高的农村劳动力比较容易在城市找到工作，收入水平也自然较高。此外，教育有利于劳动力降低寻找工作的信息成本，进而增加就业的可能性。

根据国家统计局的调查，2005 年，近 85% 的外出务工劳动力具备初中以上文化程度，而留在农村的劳动力中 80% 以上是小学文化程度。从重庆市第二次全国农业普查主要数据公报中可以看出，农村外出从业劳动力以初中文化程度为主，说明农村外出从业劳动力的文化素质普遍较低。首先是在外出从业劳动力总量中具有初中文化程度的人数所占比重高达 66.7%，其次是具有小学、文盲文化程度的人数所占比重为 26.7%，而具有高中文化程度的人数所占比重只有 6.1%，具有大专以上文化程度人数所占比重仅为 0.5%。2009 年重庆市 1% 人口抽样调查资料显示（表 3-6），农村劳动力平均受教育年限为 7.2 年，低于城镇的 9.7 年；没有本科及以上学历的人口，具有大专学历仅占 0.4%，农村劳动力中大多数仅为小学和初中文化程度；城镇劳动力人口文盲、半文盲率为 1.6%，而农村为 5.3%；城镇人口中高中及以上文化程度人口的比例，已达 33.3%，接近全国发达城市水平，而农村只有 4.1%。由此可见，农村人力资本积累水平远远低于城镇，造成这种局面的原因主要在于教育资源城乡配置的长期失衡。

表 3-6 2009 年重庆市劳动力文化程度的城乡构成   单位：%

文化程度占比	全市	城镇	农村
文盲、半文盲	3.5	1.6	5.3
小学	36.7	21.8	49.9
初中	42.0	43.3	40.7
高中	10.7	18.6	3.7
大专	4.6	9.3	0.4
本科及以上	2.5	5.4	0.0
平均受教育年限（年）	8.4	9.7	7.2

资料来源：2009 年重庆市 1%人口抽样调查资料

作为城乡二元经济社会结构特征突出的年轻直辖市，重庆市教育资源城乡配置差别大的现实一直没有得到有效的改善。人民网于 2011 年全国两会前夕的网上调查表明，66%的网民认为政府在农村教育上的投入偏低，64%的网民认为农村教师待遇低、人才流失严重。[①]近几年来，重庆市农村基础教育发展缓慢，优质教育资源向城市流动的趋势有增无减。伴随着撤乡并镇进行的农村学校的合并与整合，农村寄宿制学生的数量与留守儿童数量一样有增无减。远离父母的农村儿童在学习动机、学习条件、师资条件等方面均差于城市儿童，即使随父母来到城市，也很难进入城市优质学校学习。因此，造成城乡孩子之间的学习机会不平等、学习质量差异大、文化基础与学习能力有差距，这直接影响了农民后代的就业生存能力与后天发展的空间。为了改变这一局面，重庆市政府在《重庆市中长期城乡教育改革和发展规划纲要（2010—2020 年）》中提出了城乡教育一体化目标，今后全市财政支出中教育支出所占比例达到 20%以上，新增教育经费 70%以上用于农村教育。这一决定从另一个角度也说明了农村教育投入的严重不足。

3.3.2 农村转移劳动力的就业结构不平衡

根据前文的分析得知，重庆市外出劳动力大多就业于第三产业中技术含量较低、收入水平较低的岗位，比较典型的就是重庆闻名全国的"山城棒棒军"。除了从事体力劳动外，农村转移劳动力的选择并不多，就业结构相对单一。为了改变

---

① 人民网. 2011 两会调查——你最关心的十大热点问题. http://npc.people.com.cn/GB/28320/213483/[2011-03-01].

这一局面，重庆市政府加大对农民工的职业培训与创业扶持。如表 3-7 所示，仅
2007 年重庆市政府投入的培训经费已超过 3 亿元，但效果并不明显，与人数众多
的转移农村劳动力相比，农民工的培训率偏低。与上百万的转移农村劳动力总量
相比，针对农民工的免费培训量不足。如 2010 年企业在岗农民工培训 10.3 万人
次，进城务工农村劳动者技能培训 3.7 万人次；2011 年开展转户人员各类培训 1.37
万人次，农民工岗前培训 2.13 万人次、农业富余劳动力转移培训 1.45 万人次；
2012 年免费为农民工初次鉴定颁证 7.2 万人。[①]首先，对大部分农民工而言，花
费金钱、时间去参加培训，支出与回报并非能成正比；再加上自身文化基础薄弱，
对培训的掌握也存在困难；其次，培训中存在的条块较多、培训资源分散、培训
针对性较差，以及资源、培训与输出三大系统间缺乏有效联动等问题仍然没有得
到很好的解决。教育文化发展的相对滞后，劳动力素质、技能普遍偏低，致使农
村劳动力转移只能在低水平、低层次上进行，从事非农产业中职业技能相对缺乏、
劳动强度大且具有高度替代性和竞争性的简单劳动。农村劳动力人力资本水平与
转移的速度和层次呈正向相关关系，随着经济的不断发展和增长方式的转变，对
农村劳动力人力资本水平的要求自然越来越高。人力资本禀赋相对匮乏的农村劳
动力，就业竞争力将越来越弱，就业空间也将越来越小，从而导致劳动力市场的
结构性失衡。因此，提升农村劳动力的人力资本水平将是政府面临的非常重要和
紧迫的任务。

表 3-7　　2007 年重庆市农村劳动力培训实施主体及经费

培训项目	牵头部门	资金（万元）	备注
阳光工程	农业部门	5 400	用于转移前的农民工中长期培训
五类学生资助	教育部门	19 200	五类学生资助资金（中职培训）
雨露计划	扶贫部门	2 300	包括农村干部培训及实用技术培训等
农村劳动力技能提升计划	劳动部门	3 131	对在岗农民的培训补贴
移民培训	移民局	3 000	专用于移民培训
温暖工程	市统战部和农业局联合实施	900	"温暖工程"资金资助部分
建设银行	城乡建设委员会	1 000	用于对建筑行业农民工培训
青年农民工培训	团市委	300	与企业合作开展青年农民工培训

① 重庆市人力资源和社会保障局. 2010. 2010～2012 年度重庆市人力资源与社会保障事业发展公报.
http://www.cqhrss.gov.cn/c/2012-09-12/44135.shtml[2016-08-14].

3.3.3 农村劳动力转移的组织化程度较低

在市场经济发展过程中，市场主体对市场信息的灵敏捕捉是成功的关键。而相当部分连上网都不会的农民工想要及时了解市场就业信息，几乎是不可能的。通过前文的分析可以看出，在就业信息有限的前提下，重庆市农村劳动力在产业间和区域间的转移主要是通过亲朋好友介绍实现的，通过政府组织方式转移的比例很小，通过正规人才市场实现就业的所占的比例更小，农村劳动力转移的就业渠道不多，路径不畅，组织化程度较低。究其原因主要有以下几个方面。

1）农村转移劳动力的素质难以满足现代产业的要求。重庆市目前大力发展第三产业，高新技术、物流、计算机等行业的发展需要大量的技术工人，在解决城镇失业人员与新增高校毕业生就业之余，适合农村转移劳动力的新增岗位并不多。尽管政府在发展微型企业方面下大力气，但创造的就业岗位仍是有限的。现代产业对劳动力素质的要求越来越高，加之现代社会对人才高消费的现实存在，以小学、初中文化程度为主的农村劳动力在转移过程中，必然难以越过文化程度的就业关，在正规人才市场难以找到合适的岗位。

2）政府组织的投入难以满足现实的需要。根据《重庆市人民政府关于统筹城乡户籍制度改革的意见》，重庆市2010～2011年，重点推进有条件的农民工及新生代农民工转为城镇居民，新增城镇居民300万人；2012～2020年，力争每年转移80万～90万人，到2020年新增城镇居民700万人。面对规模如此庞大的转移农村劳动力，政府需要从人力、物力、财力等方面推动其就业。尽管重庆市政府从2003年开始组织劳务输出，但其组织的数量相当有限，且工作均属于技术含量较低的工种，比如重庆组织农民工到新疆采摘棉花，一般难以形成长期而正式的聘用关系，常常是季节性、短期的工作。从投入来看，每年几亿元的培训投入与规模庞大的转移农村劳动力相比可谓是杯水车薪，如果加上培训过程中的漏损，人均培训费少之又少，难以达到促进就业的目的。

3）农村劳动力转移的社会与市场组织力量不强，也不够规范。到2012年，重庆市共有人力资源服务机构358个，其中公共就业和人才公共服务机构70个（县级以上），人力资源服务企业288家，公共就业服务机构主要以街道、居委会为主，且数量偏少。到2015年，重庆市人力资源服务机构增加到727个，保存流动人员档案106万份，全年公共人力资源市场招聘岗位111.65万个，登记求职人数83.09万人，举办招聘会1504场次，提供岗位80.96万个，意向成交人数8.9万人，仅占登记求职人数的 10.7%，远远不能满足求职需求。而且，这些人力资源服务机构缺乏统一、协调的运作机制，没有形成分层次体系，公共就业信息发布不够全面及时，街道、居委会也主要为城镇人口提供就业服务，专门为农村剩余劳动力提供就业的机构数量严重不足，农民工专场招聘会的数量也非常少，而人力资源服务企业良莠不齐，屡屡发生农民工上当受骗的事件，也造成了一定程度的不良影响。对重庆市农村转移劳动力而言，通过有序的组织化转移不仅可以抵御市场风险，提高转移的成功率，更能从组织层面保障农民工的合法权益。因此，提高农村劳动力转移的组织化程度是政府、市场、社会需要长期投入与关注的问题。

3.3.4　农村劳动力转移的顾虑多

对重庆市而言，通过"减少农民、富裕农民"的思路来推进农村劳动力转移是工业化、城市化的需要，也是实现农业适度规模经营的需要。但是，近几年来城市就业压力的持续存在，即使有户籍制度改革的吸引，转移出来的农村劳动力大多仍是"兼业型"，通过改变户籍、转变身份完全脱离农村的大多是已经在城镇购房、有固定工作、早已不再种地的中青年农村劳动力，或是子女在城镇生活工作、已经年老的老人，以及尚年幼的，需要与父母一起生活的未成年人。到 2016 年末全市农村劳动力非农业就业累计 818 万人，其中当年新增 19.4 万人。返乡农民工就业创业人数达 32 万人。[①]一般而言，之所以有相当比例的农村劳动力只愿以兼业的形式转移，有以下几方面的原因。

1）基于对自身就业技能低的担心。一旦离开土地进入城镇，如果没有一份稳定的工作，仅凭额度很低的保险很难在城镇过上体面而舒适的生活。而就业技能的提升需要增加培训成本、时间成本和机会成本，对青年人而言，他们学习能力较强，完全可以通过继续学习来获得再就业的能力；但对于大多数年龄在四五十岁阶段的农村劳动力而言，难度是比较大的，因为他们所拥有的技能就是种地。出于对生活压力、养老、医疗等方面的承受能力，他们选择"两栖"生活，这样既能通过打工获得工资性收入，又能获得家庭经营收入，以较低的生活成本来积攒更多的钱用于未来的开支。

2）基于对生活习惯改变的担心。生活习惯往往影响一个人的未来。对于新生

---

① 重庆市人力资源和社会保障局. 2016. 2016 年度重庆市人力资源和社会保障事业发展统计公报. http://www.cqhrss.gov.cn.c/2017-09-04/507655.shtml[2017-09-04].

代农民工而言，由于从小在学校长大，一直生活在城镇，从生活习惯上已经适应了城镇生活，他们缺乏种地的基本技能，与农村、农业的纽带已经事实上地断裂了，因此，他们一离开学校就会进入打工的行列，继续在城镇生活，而并不习惯农村的生活。而四五十岁及其以上年龄段的农村劳动力则相反，习惯了农村的安静与清闲，习惯了日出而作、日落而息的生活规律，习惯了自由自在的生活氛围，对于喧闹的城市环境、狭窄的生活空间、冷淡的人际关系往往难以适应，因此有些农村劳动力不愿转移进城。

3）基于对土地的眷顾。很多农民对土地都怀有很深的情愫。从我国实施计划经济以来，国家资源配置侧重城市的传统思维并没有被完全打破。在缺乏国家保障的前提下，土地一直是广大农民唯一可以依靠的资本，土地给他们提供了最基本的生活保障。目前，尽管目前重庆市农村养老保险、医疗保险已经实现了较大范围的覆盖，但由于"广覆盖、低水平"的现实无法令广大农民摆脱对土地的依赖。而且，随着经济发展水平的提高，在城市资源日趋紧张的背景下，农村土地资源的市场价值也日渐凸显，针对"三农"的优惠政策越来越多，让农民看到了越来越令人满意的未来，而且随着城市环境污染、食品安全等事件的曝光，农村生活的绿色化也阻止了部分农村劳动力由"兼业型"向"专业型"的转变。

3.3.5 农村转移劳动力的社会保障缺失

在现有形势下要促进农村劳动力转移的进度与力度，除了在转移农村劳动力的就业技能方面加以考虑以外，更为重要的是要通过制度完善解除农村劳动力转移之后的后顾之忧，促使其更好地融入城镇生活，实现社会身份的彻底转变。然而，在现行以户籍制度为核心的制度框架下，大部分进城务工的农民工游离于社会保障体系之外，成为城镇中的弱势群体，劳动报酬的获取得不到保障、生产安全得不到保证、生活在社会的底层，难以获得与城镇居民相同的就业身份和社会地位。虽然重庆2007年设立了"农民工日"，也已经在一定程度上破解了农村社会保障方面的难题，但农民工的社会保障范围和水平仍与城镇人口还有相当差距。以医疗保险为例，目前重庆的医疗保险分为三大模块，有城镇职工医疗保险、新型农村合作医疗保险、城乡合作医疗保险，基本上实现了医疗保险的全覆盖。尽管农民参加的新型农村合作医疗保险有中央和地方财政的补贴，而且各级财政补贴从2003年的每年人均20元提高到2016年的420元，农民个人缴费平均达到

150 元/人，但由于缴纳基数小，其保障水平仍然偏低，最高档年报销额度为 12 万元，没有其他两种医疗保险的额度高，越来越多的农民转而参加城乡合作医疗保险，尤其是在外打工的农民工。2012 年有 2221.37 万农村居民参加，但呈逐年下降趋势，2013 年为 2146.23 万人。[①]这是因为户籍制度改革后越来越多的农民转户。在养老保险方面，重庆也推行了农村新型农村养老保险，在乡镇政府与村委会的共同努力下，绝大部分有条件的农民已经参保，但农民缴纳的额度较低、政府配套的比例较小、保障水平十分有限，就算按最高额缴纳，其年老后所能获取的养老金可能还不能维持其基本的生活所需。在工伤保险与失业保险方面，部分农民工开始缴纳保险费，但与农民工总数相比，历年来参加这两种保险的农民工数量所占比重并不高，如表 3-8 所示。

表 3-8　2009～2013 年重庆市农民工参加工伤、失业保险数量　单位：万人

	2009 年	2010 年	2011 年	2012 年	2013 年
工伤保险	83.92	104.38	123.6	132.99	134.71
失业保险	26.59	36.28	53.92	81.23	125.28

资料来源：2009～2013 年重庆市人力资源与社会保障事业发展统计公报

综上所述，农村劳动力的新型农村养老保险和医疗保险的参保比例近年来已经达到较高水平，但转移农民工的工伤保险、失业保险的参保率仍然较低。除此以外，农村社会保障缺乏统一的管理机构，还没有实现全市统筹。目前暂由区县政府管理社会保障基金的做法并不科学，难以确保社会保障基金的保值增值，而农民对此也缺乏信任。尽管重庆市出台了一些地方性法规条例，以规范农村社会保障，但地方性法规和规章效力的限制以及缺乏系统性和完备性，在现实中很难保障农民工的合法权益。在社会保障缴纳环节，社会保障缴费基数的比例对农民工收入而言过高，影响了农民工的缴纳积极性。对于转移出来在外打工的农民工而言，社会保障缴纳地与赔付实际发生地往往不一致，由于社会保障没有实现全国统筹甚或地区局部统筹，报销的不方便也影响了农民工参保的积极性。这就意味着，如果不变革这种与户籍制度相联系的城乡分割的社会保障制度，农村劳动力向城镇转移的不稳定因素将会长期存在。正是进城农民工就业身份不明确和就

① 重庆市人力资源和社会保障局. 2009. 2009～2013 年度重庆市人力资源与社会保障事业发展统计公报. http://www.cqhrss.gov.cn.c/2014-12-30/4413.shtml[2017-09-05].

业地位低下，使之成了被城里人歧视的对象，其合法权益也经常受到侵害。这突出的表现在拖欠或克扣工资，工作与生活环境恶劣，劳动时间长、劳动强度过大，缺乏劳动合同保障，伤亡事故得不到妥善处理等。这些现象不仅会阻碍农村劳动力的合理流动，还将影响和谐社会的构建。因此，需要从制度层面对农民工的劳动权益保障问题加以根本解决。

　　农村劳动力转移的复杂性决定了它对经济影响的多维性。国内学者对农村劳动力转移的经济效应的研究主要集中在以下几个方面。一是农村劳动力转移的再配置效应。张保法（1997）的分析表明，农村劳动力转移将导致我国劳动力投入结构的转变，正是这种转变在一定程度上促进了我国全要素生产率的增长。胡永泰（1998）认为中国在 1985～1993 年 9.7% 的经济增长率中，1.2% 是来自农业中劳动力再配置的贡献。潘文卿（2001）的实证分析发现，1979～1999 年农村剩余劳动力的转移对我国经济增长的贡献是 13.8%。徐现祥（2001）进一步研究表明，1979～1998 年农村劳动力在三次产业之间以及农业部门与非农业部门之间的转移对我国经济增长的年均贡献分别为 7.8% 和 11.4%。李勋来等（2005）则认为在 1978～2003 年农村劳动力的产业间流动对我国经济增长的贡献是 17.9%。武国定等（2006）的测算表明，2003 年我国农村劳动力转移的再配置效应对 GDP 的贡献率为 17.24%，而对农民收入的贡献率为 38.63%。张广婷等（2010）认为 1997～2008 年中国农业剩余劳动力转移对劳动生产率提高和 GDP 增长的贡献分别为 16.33% 和 1.72%。李迅雷（2014）通过引入 Mas-Colell-Razin 二元分析方法，从 C-D 生产函数出发，建立了国内农村劳动力转移模型，劳动力转移与经济增长存在显著正相关关系，且其拉动经济增长的边际效应呈现递减趋势。总的来说，上述研究结果都一致说明，改革开放以来农村劳动力向非农产业的转移是促进我国经济持续增长的重要因素之一。二是农村劳动力转移的收入分配效应。赵耀辉

（1997）运用家庭收入模型测算了不同类型的农村劳动力对家庭收入贡献的大小，研究结果表明，每增加一个外出劳动力可以使家庭纯收入增加55%，每增加一个在本地非农产业就业的劳动力可以使家庭纯收入增加19%，而每增加一个本地农业劳动力只能使家庭纯收入增加5%。李实（1999）则估算了外出劳动力户与未外出劳动力户的收入函数，研究结果发现，外出劳动力不仅能够获得更高的劳动报酬率，而且这种转移对家庭中其他劳动力劳动报酬率的提高产生了积极的影响。农村劳动力转移不仅能提高农民的收入水平，还会对农民收入分配产生重要的影响。张平（1998）的研究表明，通过劳动力转移获取非农收入是拉开地区间农民收入差距的最重要因素，而且农户收入非农化的结构变化也将扩大农民之间的收入差距。三是农村劳动力转移对城乡发展的影响。对于农村劳动力转移与农村经济社会发展的关系，大多数学者认为农村劳动力转移对农村经济社会发展具有正面效应。李实（1997）认为农村劳动力转移能够提高农业生产效率、优化农业生产结构，进而实现农业的规模化经营。高迎斌（2000）也认为农村劳动力转移有助于生产要素的优化配置。武国定等（2006）认为农村劳动力转移对自身的素质、经验、技能、行为方式、社会网络关系、文明程度等方面会产生积极影响，同时可提升转移劳动力的人力资本和社会资本水平。对于农村劳动力转移与城市发展的关系，龚玉泉等（2002）认为，农村劳动力转移为城市发展提供了丰富的劳动力资源，可以有效弥补资金与技术的不足，加快城市化的进程。陈朔等（2005）也支持上述观点。王莹（2015）认为农村劳动力在产业部门之间的转移有缩小城乡收入差距的作用；而农村剩余劳动力地区间的转移，一方面会促进落后地区城乡收入差距的缩小，另一方面也会在一定程度上提高经济发达地区的城乡收入差距。与此不同的是，刘社建（2005）却认为农村劳动力向城镇的转移，将会导致城市出现交通拥挤、就业压力增大等"城市病"，从而主张农村劳动力转移要与经济社会发展协调进行。

在我国经济社会转型过程中，评价和估计农村劳动力转移的经济效应一直是备受国内学者关注的重要课题。从产业角度来看，农村劳动力转移的实质就是从农业向非农产业的转移。这种产业间转移无论是对地区增长，还是对农业发展以及农民收入改善都有显著的经济效应。目前，国内学者选择不同时期的数据并采用不同的研究方法对我国农村劳动力转移的资源配置效应、收入分配效应、城乡发展效应等经济效应进行了分析与估计，如张保法（1997）、胡永泰（1998）、潘文卿（2001）、李勋来等（2005）、李实（1999）、高迎斌（2000）、武国定等（2006）、龚玉泉等（2002）、刘社建（2005）等。总的来说，已有文献主要是针对全国农村劳动力转移经济效应的研究，鲜有对具体区域农村剩余劳动力转移效应的系统研究。有鉴于此，本章以城乡统筹试验区重庆市为样本，选取重庆市被设立为直辖市以来的产值结构、就业结构以及收入结构等数据，综合运用统计分析方法对农村劳动力转移的宏观经济效应（再配置效应或地区经济增长效应）、中观经济效应（农业产出效应）和微观经济效应（收入效应）进行了系统的实证考察。

4.1　重庆市农村劳动力转移的再配置效应

理论上说，在二元经济结构下，农业部门劳动的边际生产率远低于非农业部门，农村劳动力的跨部门或跨产业流动将是一种必然的且不可逆转的趋势，这也是一个社会生产要素在部门或产业之间重新配置的过程。从这个角度看，农村劳动力转移的再配置效应就是指农村劳动力从社会经济效益较低的第一产业（农业部门）转移到社会经济效益较高的第二、第三产业（非农业部门），实现劳动力资源在不同产业间的重新配置，进而提高全社会劳动生产率，促进全社会经济增长。本节将选取重庆市被设立为直辖市以来的时间序列数据，对重庆市农村劳动力在不同时期和不同产业的再配置效应进行估测，就农村劳动力转移对区域经济增长的贡献进行测量，揭示重庆市农村劳动力再配置效应的时间差异性和空间差异性。

4.1.1　农村劳动力转移再配置效应的理论分析

无论是新古典增长理论还是内生增长理论都试图从总量角度考察劳动力、资本、技术等要素投入对经济增长的贡献，进而揭示出经济增长的源泉，但这些理论往往忽视了经济结构对经济增长的影响。结构主义理论认为，现代经济增长是一种结构主导的而非总量主导的增长。正如周振华（1991）所指出的，从经济结构角度更能揭示出现代经济增长的新的源泉。为此，结构主义理论试图揭示出经济结构状态与变化对经济增长的真正影响。

在工业化的初期阶段，中国在资本稀缺但劳动力资源丰富的条件下选择了优先发展重工业的战略。为了促进工业和城市的发展，中央政府采取了城乡隔离的以户籍制度为核心的相关制度和政策，致使城乡二元经济社会的结构性矛盾日益累积，产业结构的失衡问题不断凸显。改革开放以来的实践充分证明，打破城乡二元经济社会结构，矫正扭曲的产业结构，将会提高资源的配置效率，这也正是中国经济持续增长的重要源泉（林毅夫等，1999）。

当前，我国正处于经济转轨和社会转型的关键时期，经济结构尤其是劳动结构的转变在经济的可持续增长中发挥着越来越重要的作用。具体来说，农村劳动力在产业间的重新配置对经济增长的传导机制主要表现在两个方面：一是产业或部门之间存在显著的生产要素禀赋的差异，当农村劳动力要素从资源充裕的农业部门流入资源稀缺的非农业部门时，就能提高资源的利用效率；二是农村劳动力在部门之间合理流动能实现生产的规模经济，进而提高生产效率（张爱婷，2009）。下文将用一个简单的图形展示农村劳动力从农业部门向非农业部门转移的经济增长效应。借鉴张爱婷（2009）的方法，假设国民经济存在农业部门和非农业部门两个部门，农村劳动力在部门之间是可以自由流动的，此外，生产要素的投入满足边际报酬递减的规律。在这三个假定条件下，图 4-1 显示了农村劳动力跨部门流动所产生的经济增长效应。

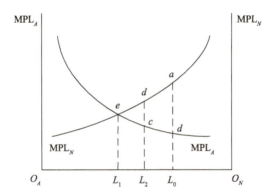

图 4-1　农村劳动力跨部门流动对经济增长的效应

在图 4-1 中，横轴 $O_A O_N$ 表示一个国家或地区总的农村劳动力供给量，从左到右表示农业部门劳动力的投入人数，从右到左则表示非农业部门劳动力的投入人数。左侧的纵轴表示农业部门的边际劳动产出（MPL_A），右侧的纵轴表示非农业部门的边际劳动产出（MPL_N）。前文的分析已经指出，在二元经济结构下，农业部门的劳动力比重远大于非农业部门，而其劳动力的边际生产率 MPL_A 远小于非农业部门的劳动力边际生产率 MPL_N。这里假定农业部门最初的劳动力投入量为 $O_A L_0$，非农业部门的劳动力投入量为 $O_N L_0$。两个部门边际生产率不同而导致的两个部门工资率的差异，农业部门的劳动力为获取潜在的外部收益将从该部门转移到非农业部门，这种转移一直到两个部门的边际产出相等（两个部门劳动力的边际产出曲线相交于 e 点）为止，整个社会的劳动力配置处于一种相对静止的状态即达到均衡点 L_1。事实上，现实的农村劳动力转移很难实现该点，因为在二元经济结构下，农村劳动力的转移还受到一定的制度、市场、自身素质等的约束，实际的农村劳动力转移量将在 L_0L_1，我们假定农村劳动力转移量为 L_0L_2，一个国家或地区劳动力的分配就最终定格在点 L_2。此时，农村劳动力从农业部门向非农业部门的转移提高了劳动力资源的配置效率，改变了劳动力的就业结构，从而增加整个国家或地区的总产出（农业部门的总产出与非农业部门的总产出之和），总产出的增加量正好等于图中四边形 $abcd$ 的面积。

4.1.2　农村劳动力转移再配置效应的测算模型

20 世纪 90 年代以来，众多国内学者对我国劳动力转移的再配置效应或经济增长效应进行了系统的理论研究和实证探讨，他们测算这种效应的方法主要有两种。一是根据产业部门间边际产出的差额来间接估测。比如，蔡昉等（1999）运用该方法测算出在 1982～1997 年劳动力的结构变动对我国经济增长的贡献为 20.23%。但是，这种方法的问题在于劳动力的边际产出水平很难通过现实的数据加以测算。二是运用经济增长理论，通过宏观生产函数的分解来间接估算。如果考虑资本的作用，一个国家总全要素生产率减去各部门全要素生产率加权和就是劳动力转移的经济增长效应。胡永泰（1998）采用柯布-道格拉斯生产函数分解发现，农业劳动力的再配置解释了全要素生产率在 1979～1993 年增长的 37%～54%。鉴于这种分解方法对资本存量测算较难的问题，学者提出了一种改进方法，亦即不明确估计资本对经济增长的贡献，并引入劳动生产率[①]变量，那么，劳动力的再配置效应等于总体劳动生产率减去各部门劳动生产率加权和。受 Chenery（1986）测算模型的启发，国内学者潘文卿（1999）、徐现祥（2001）、李勋来（2005）等运用类似方法对我国农村劳动力转移的经济增长效应进行了测算。由于测算方法、数据来源以及时间窗口选择的差异，上述学者的研究成果存在较大差别，并且已有研究鲜有对具体地区进行系统的实证考察。有鉴于此，本节也参考 Chenery（1986）的测算模型，对重庆市自改革开放以来农村劳动力在不同时期和不同产业的再配置效应进行估测，对农村劳动力转移对区域经济增长的贡献进行测量，揭

---

① 国民经济总体和各部门的产出水平取决于劳动力的投入量和劳动生产率水平。

示出重庆市农村劳动力再配置效应的时间差异性和空间差异性。

假定国民经济中存在 i 个部门，i 可以赋值为 1、2 或者 3，分别表示第一产业、第二产业和第三产业。[①]事实上，任何一个经济体的经济增长都是由这三个产业贡献的。这就意味着，GDP 总量（Y）是 i 个部门 GDP 总量（Y_i）之和，社会总劳动力（L）是 i 个部门劳动力（L_i）之和，亦即

$$Y = \sum_{i=1}^{3} Y_i \tag{4.1}$$

$$L = \sum_{i=1}^{3} L_i \tag{4.2}$$

我们将式（4.1）两边同时除以 L，并加以变换得

$$Y / L = \sum_{i=1}^{3} (Y_i / L_i)(L_i / L) \tag{4.3}$$

更进一步地，我们将总量劳动生产率（劳动力的人均产出水平）用 P 来表示，相应地，P_i 则表示第 i 个部门的劳动生产率，另外，我们选用 λ_i 表示第 i 个部门的劳动力投入比重，那么，式（4.3）可以调整为

$$P = \sum_{i=1}^{3} P_i \lambda_i \tag{4.4}$$

从式（4.4）可以明显看出，总量劳动生产率（P）就等于三个部门的劳动生产率（P_i）与其劳动力比重（λ_i）的乘积之和。

我们进一步将式（4.4）用增长率形式加以展示，由于总量劳动生产率的增长率可以表示为 $P' = (dp / dt) / P$，对应地，P_i' 和 λ_i' 表示第 i 个部门劳动生产率的增长率和劳动力比重的增长率，那么，式（4.4）转换为

$$P' = \sum_{i=1}^{3} (P_i \lambda_i / P) / P_i' + \sum_{i=1}^{3} (P_i \lambda_i / P) / \lambda_i' \tag{4.5}$$

---

① 值得一提的是，三次产业的划分是世界上较为常用的产业结构分类，但各国的划分不尽一致。我国的三次产业划分是：第一产业是指农业、林业、畜牧业、渔业和农林牧渔服务业；第二产业是指采矿业、制造业、电力、煤气及水的生产和供应业、建筑业；第三产业是指除第一、第二产业以外的其他行业。本书也采用这种划分方法。另外，第一产业也称为农业部门，相应地，第二产业和第三产业可称为非农部门。

假定 y_i 表示 i 部门的产出在总产出的比重（即 $y_i = Y_i / Y$），则式（4.5）可以转换为

$$P' = \sum_{i=1}^{3} y_i / P_i' + \sum_{i=1}^{3} y_i / \lambda_i' \qquad (4.6)$$

式（4.6）表明，总量劳动生产率的增长率可以分解为两个部分，一是源于要素投入所带来的劳动生产率的增长（公式右侧第一项），我们称为要素投入效应；二是源于劳动力转移所带来的劳动生产率的增长（公式右侧第二项），我们称为劳动力再配置效应，即劳动力在产业部门间的重新配置效应。我们用 E_{tr} 表示劳动力再配置效应，则

$$E_{tr} = \sum_{i=1}^{3} y_i / \lambda_i' \qquad (4.7)$$

由 $\sum_{i=1}^{3} \lambda_i = 1$，我们对式（4.7）两侧关于时间求导可以得到 $\sum_{i=1}^{3} \lambda_i \lambda_i' = 0$。转换该式可以得到

$$\lambda_i' = -(1 / \lambda_i) \sum_{i \neq 1}^{3} \lambda_i \lambda_i' \qquad (4.8)$$

我们将式（4.8）再带入式（4.7）便可以得到测度劳动力转移的公式

$$E_{tr} = (1 / P) \sum_{i \neq 1}^{3} (P_i - P_1) \lambda_i \lambda_i' \qquad (4.9)$$

从式（4.9）可以看出，劳动力再配置效应持续存在的前提条件是第二或第三产业等非农业部门的劳动生产率 P_i（$i \neq 1$）大于农业部门的劳动生产率 P_1。当然，如果农业部门与非农业部门的劳动生产率相同，劳动力在产业部门间的流动将处于动态平衡的状态，在此情形下，劳动力的再配置效应也将消失。

4.1.3　重庆市农村劳动力转移的再配置效应的测算与分析

自改革开放以来，重庆市全部产业劳动生产率从 1985 年的 1147.46 元/人增加到 2015 年的 92 047.89 元/人，年均增长 16.32%，无论是总量还是发展速度都取得了显著的成就（表 4-1）。但是，可以清楚地看到，这种劳动生产率的增长在三

大产业之间并不平衡。第一产业的劳动生产率增长缓慢，第二产业和第三产业增长迅速，由此使得农业部门和非农业部门之间劳动生产率的差距逐步拉大。1985年非农产业劳动生产率是第一产业的 5.50 倍，而在 2009 年扩大至 7.12 倍，城乡二元经济结构矛盾比较突出。重庆市产业间劳动生产率差距也可以说明这种二元结构特征，第一产业劳动生产率不及全部产业劳动生产率水平的一半，尤其是自20 世纪 90 年代初开始第一产业劳动生产率整体上处于下降趋势。与此同时，第二产业和第三产业等非农产业与第一产业劳动生产率的差距开始拉大，非农产业劳动生产率一直是全部产业的 2 倍左右，如图 4-2 所示。这就意味着，尽管重庆市已在逐步推进城乡统筹发展的战略，但二元经济结构的特征仍然比较显著。在此背景下，将低生产率产业的农村劳动力有序转移到高生产率的非农产业，不仅有利于提升重庆市的劳动生产率水平，促进地区经济增长，还有利于提高农业劳动生产率的增长速度，逐步缩小农业产业与非农产业间的劳动生产率差距，从而渐进化解城乡二元经济结构矛盾，实现城乡经济社会一体化发展。

表 4-1　重庆市产业间劳动生产率情况　　　　　　　　单位：元/人

年份	全部产业	第一产业	第二产业	第三产业	非农产业
1985	1 147.46	515.53	3 290.06	2 229.03	2 837.02
1986	1 256.53	572.92	3 367.54	2 409.15	2 959.53
1987	1 371.50	589.16	3 505.58	2 889.77	3 249.49
1988	1 727.42	709.90	4 474.76	3 554.38	4 084.87
1989	1 972.36	757.48	5 149.16	4 433.21	4 845.94
1990	2 088.46	910.21	5 139.85	4 531.22	4 875.62
1991	2 308.80	968.54	5 585.38	5 160.85	5 399.63
1992	2 774.72	1 048.46	6 998.60	5 620.92	6 324.38
1993	3 668.16	1 304.22	9 454.29	6 883.52	8 181.32
1994	4 819.75	1 845.80	12 511.21	7 131.21	9 561.39
1995	6 570.45	2 594.42	15 847.59	9 634.81	12 430.10
1996	7 648.58	2 870.18	17 763.73	11 544.19	14 320.60
1997	8 801.15	3 106.05	20 728.56	13 383.27	16 556.39
1998	9 365.33	3 071.94	22 285.11	14 612.08	17 792.31
1999	9 788.94	2 981.73	23 565.11	15 324.55	18 625.01
2000	10 781.62	3 093.32	26 187.16	16 579.63	20 346.51
2001	12 232.44	3 387.63	29 304.58	18 330.82	22 559.69
2002	14 389.12	3 968.22	33 633.94	20 533.46	25 508.37

续表

年份	全部产业	第一产业	第二产业	第三产业	非农产业
2003	17 038.25	4 564.01	40 426.95	22 705.04	29 278.69
2004	20 624.60	6 078.36	49 047.48	25 280.54	33 978.13
2005	23 811.85	6 831.58	55 249.40	29 103.25	38 616.93
2006	26 858.06	5 815.91	65 337.22	32 724.82	44 544.04
2007	31 834.88	7 325.37	74 103.18	38 996.74	51 752.21
2008	38 820.31	8 822.58	84 072.68	49 413.80	62 104.40
2009	43 159.35	9 509.78	90 132.19	54 375.09	67 700.02
2010	51 466.48	11 031.56	100 355.25	65 439.31	78 812.62
2011	63 156.84	13 973.33	114 173.40	79 732.19	93 457.27
2012	69 862.96	15 862.74	122 414.07	85 701.01	100 615.92
2013	75 932.19	17 260.21	128 530.77	91 766.20	106 844.61
2014	84 041.16	19 097.36	140 567.09	98 578.90	115 666.27
2015	92 047.89	21 846.86	149 237.28	106 018.72	123 355.04

资料来源：根据历年《重庆统计年鉴》整理计算而得

注：不同产业的劳动投入水平用就业人数表示。由于缺少 1978～1984 年重庆市就业人口数据，所以只报告了 1985～2015 年窗口的产业劳动生产率情况

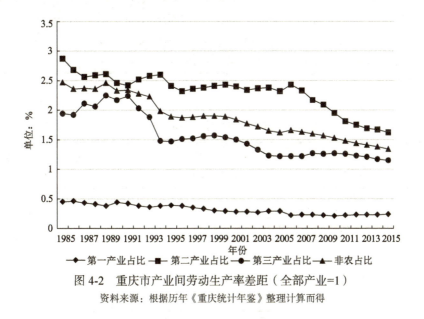

图 4-2　重庆市产业间劳动生产率差距（全部产业=1）

资料来源：根据历年《重庆统计年鉴》整理计算而得

　　重庆市农村劳动力转移对地区的经济增长效应，我们可以利用式（4.9）进行实际估测。为了考察农村劳动力再配置效应的时间差异，并结合重庆市经济增长

的波动情况，我们将 1985～2015 年进一步划分为五个时段。表 4-2 显示的是重庆市第一产业、第二产业、第三产业以及非农产业在不同时段的生产率状况和劳动力就业状况。运用表 4-2 的数据，我们可以测算出重庆市农村劳动力转移的效应以及这种效应的时间差异和产业差异。具体测算结果见表 4-3。

从表 4-3 可以看出，农村劳动力转移对重庆市区域经济增长具有显著的贡献。从改革开放后的 1985～2015 年，劳动力转移对地区非农产业增长的贡献率为 2.02%，对总量生产率的贡献率为 12.84%，对 GDP 增长率的贡献率为 12.41%。同时，农村劳动力转移的经济增长效应具有明显的时间差异和产业差异。

表 4-2 重庆市 1985～2015 年不同产业劳动生产率与就业状况

年份	总量	劳动生产率（元/人）				劳动力比重（%）				非农劳动力比重增长率（%）		
		一产业	二产业	三产业	非农产业	一产业	二产业	三产业	非农产业	二产业	三产业	非农产业
1985～1989	1 495.1	629.0	3 957.4	3 103.1	3 595.4	70.97	16.75	12.28	29.03	2.37	2.01	2.22
1990～1996	4 268.4	1648.8	10 471.5	7 215.3	8 727.6	64.61	17.44	17.95	35.39	1.73	9.38	5.04
1997～2004	12 877.7	3781.4	30 647.4	18 343.7	23 080.6	53.71	18.11	28.18	46.29	0.32	4.58	2.83
2005～2009	32 896.9	7661.0	74 379.6	34 959.1	52 943.5	44.59	20.27	35.14	55.41	2.47	1.88	2.09
2010～2015	72 753.8	16512	125 879.6	40 922.7	103 125.3	35.47	25.89	38.63	64.53	4.33	2.24	3.03
1985～2015	24 858.4	6046.4	49 067.1	20 908.8	38 294.5	53.87	19.69	26.44	46.13	2.24	4.02	3.04

资料来源：根据历年《重庆统计年鉴》整理计算而得

表 4-3 重庆市 1985～2015 年农村劳动力的再配置效应　　　单位：%

年份	总量生产率增长率	GDP增长率	劳动力再配置效应			劳动力转移对总量生产率的贡献	劳动力转移对 GDP 增长率的贡献
			二产业	三产业	非农产业		
1985～1989	14.50	16.6	0.88	0.41	1.28	8.82	7.70
1990～1996	21.85	23.73	0.62	2.20	2.96	13.54	12.47
1997～2004	13.34	11.12	0.12	1.46	1.96	14.72	17.66
2005～2009	15.98	16.65	1.02	0.55	1.59	9.98	9.57
2010～2015	13.58	15.91	1.69	0.29	2.33	17.14	14.63
1985～2015	15.85	16.80	0.87	0.98	2.02	12.84	12.41

资料来源：根据历年《重庆统计年鉴》整理计算而得

注：劳动力转移对总量生产率的贡献=劳动力非农再配置效应/总量生产率增长率；劳动力转移对 GDP 增长率的贡献=劳动力非农再配置效应/GDP 增长率

从时间维度上看，1985～1989 年是改革开放的初始阶段，随着高度集中的计划经济体制向分散的市场经济体制的转型，中央政府逐步将在农村成功实施的家庭联产承包责任制推广到城市各行各业的改革中，这种改革有效解决了生产中的激励问题，释放出了巨大的生产潜力，使计划经济时期长期被扭曲的资源配置趋于合理化，从而显著提高了各产业的生产效率，进而带动地区经济增长。在这段时期，重庆市总量生产率增长率和 GDP 增长率都保持了较高的水平，农村劳动力的再配置效应为 1.28%，农村劳动力转移对总量生产率增长率和 GDP 增长率的贡献分别为 8.82%和 7.70%。1990～1996 年为经济快速发展时期，重庆市总量生产率增长率和 GDP 增长率都处于历史最高水平，分别达到 21.85%和 23.73%。兼之中央政府对地方政府和企业出台了一系列放权让利的政策，其中 1994 年在全国各地推行了影响深远的分税体制改革，生产效率得到进一步提高，同时中央政府对农村转移劳动力的相关管理政策[①]也逐渐松动，积极引导农村劳动力的有序转移。在综合因素的作用下，农村劳动力的再配置效应非常突出，达到了所考察的时间窗口内的最大值 2.96%，农村劳动力转移对总量生产率增长率和 GDP 增长率的贡献分别为 13.54%和 12.47%。1997～2004 年为调整时期，整个国民经济陷入紧缩状态，国内有效需求不足的问题日益严峻，随着国有企业的减员增效改革、城市就业压力的逐步加大、乡镇企业的发展降速等的影响，GDP 增长率下降至所考察时间段的最低值 11.12%，农村劳动力的乡城流动面临着更为复杂的阻滞因素。因此，农村劳动力的再配置效应下降为 1.96%，农村劳动力转移对总量生产率增长率和 GDP 增长率的贡献分别为 14.72%和 17.66%。2005～2009 年为经济的新一轮快速发展时期，随着宏观经济政策作用的显现，国民经济发展的速度得以提高，从中央政府到地方政府[②]都积极制定了促进农村劳动力转移的政策措施，农村劳动力的转移也在逐渐稳中有升和组织有序中进行，劳动力的资源配置也更为合理。在此阶段，农村劳动力的再配置效应为 1.59%，农村劳动力转移对总量生产率增长率和 GDP 增长率的贡献分别为 9.98%和 9.57%。2010～2015 年在亚洲金融危机的影响下，经济发展增速小幅下降，但在"重庆特色"户籍制度改革的政策刺激

---

① 自 1992 年邓小平南方谈话和党的十四大提出建设有中国特色的社会主义市场经济体制以后，中央对农村劳动力转移的管理政策逐渐由堵转为疏，引导农村劳动力转移的有序进行。

② 为促进农村劳动力转移，重庆市政府也相继出台了一系列措施。比如，2004 年先后开展了"百万农村劳动力转移就业工程"和"重庆农村劳动力转移培训阳光工程"，2005 年出台了"重庆市进城务工农民权益保护和服务管理办法"等。

下，农村劳动力转移的再配置效应高于平均水平，达到了 2.33%，劳动力转移对总量生产率增长率和 GDP 增长率的贡献分别为 17.14%和 14.63%。

从产业维度上看，重庆市农村劳动力在第三产业的再配置效应总体上大于第二产业。在 1985～2015 年，第二产业的劳动力再配置效应为 0.87%，而第三产业为 0.98%。其中可能的原因是，重庆市一直以来推行的是优先发展重工业战略，形成了以第二产业为主导的产业结构。这可以从重庆市三大产业产值比重的发展趋势中看出。自 1978 年以来，第二产业产值占地区生产总值的比重一直保持在 42%以上，第三产业产值呈缓慢上升趋势，第一产业产值则逐年下降，其占地区生产总值比重自 1991 年之后一直低于第三产业产值比重，到 2015 年则下降为 7.3%。[①]众所周知，第二产业特别是其中的重工业属于资本密集型和技术密集型产业，对从事该行业劳动力的素质要求偏高，而人力资本禀赋水平普遍较低的农村劳动力自然很难进入该产业。在此情形下，第三产业便成了农村劳动力转移的主要渠道。从就业比重看，第二产业就业人数及其比重自 1985 年以来变化幅度不大，第三产业就业人数及其比重则大幅上扬。1994 年第三产业就业比重超过第二产业就业比重，成为第二大就业行业；2012 年超过第一产业，成为第一大就业产业，到 2015 年达到 707.21 万人，占全部就业人数的 41.42%。[②]

4.2 重庆市农村劳动力转移的产出效应

从产业角度来看，农村劳动力转移的实质就是从农业向非农产业的转移。这种产业间转移可以促进农地的适度规模化经营，提高农业劳动力的人力资本水平，改善农业的投资现状，从而实现农业劳动力与土地、资本以及技术等更加合理的配置，提高农业劳动力的生产效率，亦即农村劳动力转移具有产出效应。本节在对这种产出效应进行理论分析的基础上，采用格兰杰因果关系检验和脉冲响应函数（Impulse Response Function）对重庆市农村劳动力转移的产出效应进行实证分析。

---

① 重庆市统计局，国家统计局重庆调查总队. 2016. 重庆统计年鉴 2016. http:www.cqtj.gov.cn/jnj/2016/indexch.htm [2017-03-20]. 经整理计算而得。

② 重庆市统计局，国家统计局重庆调查总队. 2016.重庆统计年鉴 2016. http:www.cqtj.gov.cn/jnj/2016/indexch.htm [2017-03-20]. 经整理计算而得。

4.2.1　农村劳动力转移产出效应的理论分析

无论是依据新古典增长理论还是内生增长理论，农村劳动力都是农业生产必备的要素之一。一般来说，在其他条件不变的情况下，农村劳动力的转移或减少将给农业生产带来负面影响。但是，对中国这样的城乡二元经济结构特征显著的转型国家来说，农业部门存在大量的边际产量为零甚至为负的剩余劳动力。大量剩余劳动力滞留在有限的土地上将会导致劳动力资源的浪费，制约农业劳动力生产效率的提高，从而影响农业现代化、工业化与城市化的发展。在此背景下，农村剩余劳动力向非农产业的转移将有效化解长期以来制约农业发展的人地矛盾，使剩余的农业生产者的平均经营规模得以扩大，促进农村有限且分散的土地资源向集约化与规模化生产方向转变。

农村劳动力转移不仅能促进土地的适度规模化经营，还将提高农村劳动力的人力资本水平。相对于农业物质资本，农村劳动力的人力资本水平对农业发展也是至关重要的。在舒尔茨（1987）看来，所谓人力资本是指存在于人体内的知识、技能、体力（健康）价值的总和。并且，人力资本需要投资才能形成。正如雅各布·明塞尔（2001）所说的："人力资本是后天获得的能力，这种能力需要通过正规与非正规的学校和家庭教育、职业培训、工作经验以及劳动力市场上的流动而开发出来。"这种人力资本投资具有显著的成效。从国家层面来说，人力资本投资是经济增长的主要源泉（舒尔茨，1987）；对于经济行为主体来说，这种投资也可以在未来特定的经济活动中给经济行为主体创造剩余价值或利润收益（李宝元，2000）。但受教育体制和资本的约束，农村劳动力的人力资本投资水平较低。而农村劳动力向非农产业和城镇的转移则可以通过"边干边学"机制从其从事的各项劳动中获得更多的实用技能以及相关的知识，因而在无形中增加了不用自己投资的人力资本禀赋。当大量进城务工的农村劳动力积累到一定的人力资本之后，返回家乡创办与农业有关的企业，最终成为推动农业现代化的重要力量。

此外，农村劳动力向非农产业和城市的转移不仅可以获得无形的人力资本收益，还可以获得有形的货币收益即工资报酬性收入。为了实现家庭效用的最大化，规避单一收入结构存在的风险，进城务工的农村劳动力会将一部分收入转移给其他家庭成员。根据国家统计局组织的对农村住户劳动力的抽样调查，2000 年外出半年以上的劳动力的人均收入转移为 4522 元，据此推算的外出收入转移的总规模为 2700 多亿元。这种收入转移，将在资本稀缺的农村领域释放出极大的投资效应，从而弥补农业生产资金不足的问题。从国家财政对农业的转移比较来看，无论是绝对量还是相对量，农村劳动力的外出务工收入转移都领先于财政转移的规模和速度。[①]更为重要的是，财政转移方式由于操作环节较多使其在实际运转过程中难以避免渗漏的问题。而外出务工收入转移是通过家庭内部重新分配的方式完成的，符合家庭成员自身的有效需求，从而有针对性地改善农业投资，促进农业的可持续发展。总的来说，在城乡二元经济结构背景下农村劳动力的转移可以实现农业劳动力与土地、资本以及技术等要素更加合理的配置，促进农业现代化与农村工业化进程，转变农业发展方式，从而提高农业劳动生产效率。

4.2.2 重庆市农村劳动力转移产出效应的实证分析

本节以 VAR 模型为基础，利用格兰杰因果关系检验和脉冲响应函数对重庆农村劳动力转移与农业劳动生产率之间的动态效应进行实证分析。本节涉及的变量和数据资料主要包括农村劳动力转移与农业劳动生产率两个方面。对于农村劳动力转移，本节选取非农就业比重作为代理解释变量。一般认为，非农业就业比重越大，农村劳动力从传统的农业向现代的非农产业转移的数量就越多。至于非农业就业比重的度量，本节选取非农从业人员占全社会从业人员的比例指标。而农业劳动生产率的度量，本节选取第一产业产值与第一产业就业人员的比例指标。图 4-3、图 4-4 分别显示了 1985～2015 年非农业就业比重和农业生产率的变动趋势。从图可以比较直观地看出，非农业就业比重和农业劳动力生产率整体上保持了一致的增长趋势，但这种趋势是数据或序列的巧合，还是确实存在某种经济联系，有待进一步的实证检验。需要说明的是，本书所涉及的时间序列数据来源于《重庆统计年鉴》（1986～2016 年历年）、《新中国五十五年统计资料汇编》《中国人口统计年鉴》（1986～2016 年历年）。

本节首先对非农业就业比重与农业劳动生产率变量进行格兰杰因果关系检验，以此判断它们之间的短期关系。格兰杰因果关系的基本思想是，如果利用 X 和 Y 的滞后值对 Y 进行预测比只用 Y 的滞后值预测所产生的预测误差要小，即如果 $\sigma^2(Y_t|Y_{t-k}, \forall k > 0) > \sigma^2(Y_t|(Y_{t-k}, X_{t-k}), \forall k > 0)$，则称 X 是 Y 的格兰杰原因，记为 $X \Rightarrow Y$；反之则 X 不是 Y 的格兰杰原因（高铁梅，2006）。值得注意的是，格兰

---

① 数据显示，1998 年，农村劳动力外出务工收入转移是财政支农资金的 2.54 倍，到了 2000 年，便增加到 3.62 倍（国家统计局组织的农村住户劳动力抽样调查，2000）。

杰因果关系检验方法仅适用于平稳时间序列之间的因果关系检验。但是，大部分时间序列为非平稳序列，其数字特征会随着时间的变化而变化，这就需要对时间序列的平稳性进行单位根检验。在进行单位根检验时，首先对非农就业比重与农业劳动生产率变量取对数，分别取 $LnNONAGR$ 和 $LnAGRLAB$ 。本节采用 ADF（Augmented Dickey-Fuller）统计量判断变量的稳定性。由表 4-4 可知，这些对数化的变量均为非平稳性变量。本节对于非平稳性变量的处理主要采用差分法。其中，$DLnNONAGR$ 与 $DLnAGRLAB$ 分别表示对变量 $LnNONAGR$ 和 $LnAGRLAB$ 取一阶差分值。检验结果表明经过处理后的序列都是一阶单整 $I（1）$，即具有平稳性。

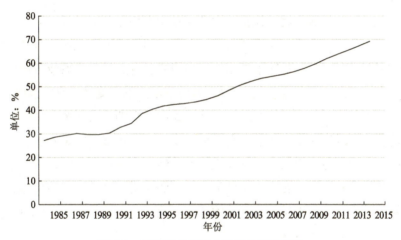

图 4-3　重庆市非农就业比重的变化趋势

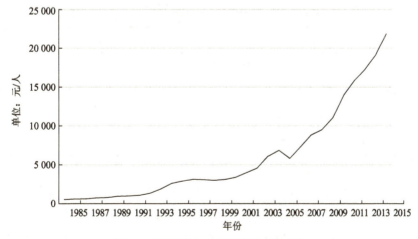

图 4-4　重庆市农业生产率的变化趋势

表 4-4　非农就业比重和农业劳动生产率的 ADF 单位根检验

序列	ADF 检验	检验类型	滞后阶数	显著性水平（临界值）
$LnNONAGR$	−2.770 6	包含截距项和趋势项	1	1%（−4.309 8）
$DLnNONAGR$	−5.327 3***	包含截距项和趋势项	1	1%（−4.356 1）
$LnAGRLAB$	−2.914 7	包含截距项和趋势项	1	1%（−4.309 8）
$DLnAGRLAB$	−4.099 8**	包含截距项和趋势项	1	5%（−3.574 2）

注：***、**分别表示在 1%和 5%的显著性水平上拒绝原假设

　　表 4-5 检验的是非农就业比重与农业劳动生产率之间的格兰杰因果关系。从中可以看出，在最优滞后 1～2 期时，$DLnNONAGR$ 不是 $DLnAGRLAB$ 的格兰杰原因的 P 值都在 5%的显著性水平以下，说明非农就业比重是农业劳动生产率的格兰杰原因；而在最优滞后 1～2 期时，$DLnAGRLAB$ 不是 $DLnNONAGR$ 的格兰杰原因的 P 值都在 10%的显著性水平以上，说明在短期内农业劳动生产率不是非农就业比重的原因，这是由于农业劳动生产率水平直接影响的是农业剩余劳动力规模，而农业剩余劳动力向城镇和非农产业的转移需要一个过程，并且在这个过程中还受到成本和市场等相关因素的约束。总的来说，格兰杰因果检验表明，重庆市农村劳动力转移促进了农业劳动生产率的提高，也就是说，重庆市农村劳动力转移具有显著的产出效应。

表 4-5　农业劳动生产率和非农就业比重的格兰杰因果检验

原假设	最优滞后期	样本数	F 统计值	P 值
$LnNONAGR$ 不是 $LnAGRLAB$ 的格兰杰原因	2	29	3.471 01	0.047 4
$LnAGRLAB$ 不是 $LnNONAGR$ 的格兰杰原因	2	29	0.824 24	0.450 6
$LnNONAGR$ 不是 $LnAGRLAB$ 的格兰杰原因	3	28	3.244 69	0.042 5
$LnAGRLAB$ 不是 $LnNONAGR$ 的格兰杰原因	3	28	1.355 72	0.283 5

　　确立了非农就业比重与农业劳动生产率之间的短期关系之后，本节在 VAR 模型基础上进一步利用脉冲响应函数考察非农就业比重对农业劳动生产率的动态影响。脉冲响应函数是用于衡量随机扰动项［新息（Innovation）］的一个标准差冲

击对其他变量当前和未来取值的影响轨迹，进而直观地刻画出内生变量对随机扰动的动态反应，显示任意变量的随机扰动如何通过模型影响其他变量，并反馈到自身的动态过程（高铁梅，2006）。图 4-5 显示的是非农就业比重对农业劳动生产率的脉冲响应图。从图 4-5 可以发现：①农业劳动生产率对自身所产生的标准新息的响应为正，第三期达到最大值 0.0316，此后缓慢下降并在第六期趋于稳定；②非农就业比重所产生的标准新息对农业劳动生产率的影响为正，其中，第一期的冲击很微弱，而第二期的冲击便上升为 0.062，始终以正向影响稳定且持续冲击下去，在第八期就升至最大 0.2，并稳定下来；③非农就业比重对来自农业劳动生产率的标准新息的响应也为正，第一期冲击就超过了 0.06，在第四期达到最大的 0.14，此后也保持一个不太高的正平衡效应。总的来看，重庆市农村劳动力转移对农业劳动生产率的提升具有一定的正向冲击效应，而农业劳动生产率的提升也将对农村劳动力转移产生正效应。

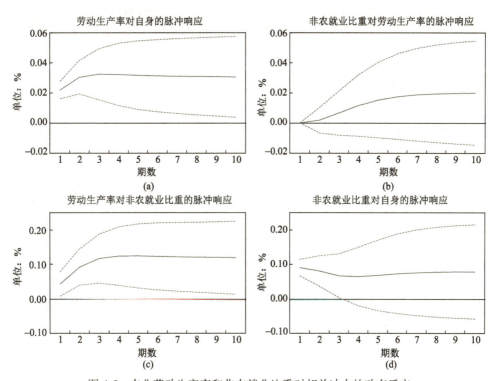

图 4-5　农业劳动生产率和非农就业比重对相关冲击的动态反应

4.3 重庆市农村劳动力转移的收入效应

众所周知,"三农"问题一直是困扰我国经济社会协调、健康以及持续发展的关键问题,而"三农"问题的核心是农民问题,农民问题的核心则是农民收入增长问题。无论是我国经济社会发展新阶段的客观要求,还是经济发展的一般规律使然,农民的收入结构将从传统的家庭经营收入为主向以工资性收入为主的阶段转变。也就是说,传统农业产业为农村居民增收的空间越来越小,农村居民收入增长将主要依赖非农产业获取的收入即工资性收入。这就意味着,农村劳动力从比较劳动生产率低的农业部门向比较劳动生产率高的非农业部门转移,可以分享到非农业部门的产出收益,从而促进农村居民及家庭收入的持续增长,这就是农村劳动力转移的收入效应。本节将运用重庆市 2001~2009 年农村居民家庭人均纯收入以及各项收入来源数据,实证考察农村劳动力的产业转移对农村居民的收入效应。

4.3.1 农村居民收入的理论构成与模型

1. 农村居民收入的理论构成

从收入来源的角度看,居民收入可以划分为劳动收入与非劳动收入。其中,劳动收入是指居民为社会提供一定质量和数量的劳动而获取的收入。[①]而非劳动收入是指居民凭借资产而不是劳动所获取的收入以及通过各种渠道所获得的转移性收入。[②]为了数据的可获得性,本节采用与统计年鉴相同的统计口径,将农村居民收入(INC)根据收入来源的性质分为以下几个部分构成。[③]

一是工资性收入(SAL)。它是指农村住户和住户成员受雇于单位或者个人,通过出卖自己的劳动而获取的报酬性收入。按照收入来源渠道,主要包括在乡村集体组织等非企业组织中劳动得到的收入(比如教师、干部收入)、在本地企业劳动获得的收入、常住人口外出务工收入以及其他单位劳动获得的收入。

二是家庭经营性收入(FAM)。它是指农村住户以家庭为生产经营单位从事

---

① 因为劳动可以分为直接生产劳动和经营管理劳动,从这角度说,劳动收入也可分为直接生产劳动收入和经营管理劳动收入。

② 从非劳动收入定义看,非劳动收入主要包括财政性收入和转移收入。

③ 国家统计局. 2011. 2010 中国统计年鉴.北京:中国统计出版社.

生产和管理所获取的收入，可以反映出农村住户的收入水平、生产规模和经济效益情况。根据农户的家庭经营活动，家庭经营收入主要包括种植业收入、牧业收入、渔业收入、林业收入、生产性劳务收入、运输业收入、商业收入、饮食业收入、服务业收入以及其他家庭经营收入。

三是财产性收入（PRO）。它是指金融资产或者有形的非生产性资产的农村住户向其他机构单位提供资金或让渡有形非生产性资产的使用权，作为回报而从中获取的收入。其主要包括利息收入、股息收入、红利收入、集体财产收入、出让特许权收入、其他财产收入。

四是转移性收入（TRA）。它是指农村住户和住户成员并不需要付出任何对应物便可获得的服务、货物、资金或资产所有权等。[①] 一般来说，转移性收入就是农村住户和住户成员在国民收入的第二次分配中得到的所有收入。其主要包括在外人口寄回和带回、农村以外亲友赠送的收入、保险赔款、救济金、救灾款、退休金、抚恤金调查补贴、五保户的供给、奖励收入以及其他转移性收入。

2. 农村居民收入的经济数理模型

根据农村居民收入的理论构成，农村居民收入与工资性收入、家庭经营性收入、财产性收入以及转移性收入有以下关系（官永彬等，2006）

$$INC = SAL + FAM + PRO + TRA \tag{4.10}$$

为了系统考察农村劳动力转移的收入效应，亦即工资性收入对农村居民总收入的贡献率，需要对式（4.10）加以动态化。

t 时期（本期）农村居民收入等式为

$$INC_t = SAL_t + FAM_t + PRO_t + TRA_t \tag{4.11}$$

$t-1$ 时期（上期）农村居民收入等式为

$$INC_{t-1} = SAL_{t-1} + FAM_{t-1} + PRO_{t-1} + TRA_{t-1} \tag{4.12}$$

由[（4.11）式-（4.12）式]/（4.12）式经过变化处理得到农村居民收入增长率表达形式

---

① 值得注意的是，转移性收入并不包括农村住户无偿提供的用于固定资本形成的资金。一般情况下，它是指农村住户在二次分配中的所有收入。

$$\Delta INC / INC_{t-1} = (SAL_{t-1} / INC_{t-1}) \times (\Delta SAL / SAL_{t-1}) + (FAM_{t-1} / INC_{t-1})$$
$$\times (\Delta FAM / FAM_{t-1}) + (PRO_{t-1} / INC_{t-1}) \times (\Delta PRO / PRO_{t-1}) \quad (4.13)$$
$$+ (TRA_{t-1} / INC_{t-1}) \times (\Delta TRA / TRA_{t-1})$$

我们用 G_{inc}、G_{sal}、G_{fam}、G_{pro} 和 G_{tra} 分别表示农村居民收入与各项收入来源的增长率，则 $G_{inc} = \Delta INC / INC_{t-1}$、$G_{sal} = \Delta SAL / SAL_{t-1}$、$G_{fam} = \Delta FAM / FAM_{t-1}$、$G_{pro} = \Delta PRO / PRO_{t-1}$ 和 $G_{tra} = \Delta TRA / TRA_{t-1}$。另外，我们用 P_{sal}、P_{fam}、P_{pro} 和 P_{tra} 分别表示各项收入来源在农村居民总收入中所占的比重，则 $P_{sal} = SAL_{t-1} / INC_{t-1}$、$P_{fam} = FAM_{t-1} / INC_{t-1}$、$P_{pro} = PRO_{t-1} / INC_{t-1}$ 和 $P_{tra} = TRA_{t-1} / INC_{t-1}$。

将式（4.13）转换成更为简单的表达式

$$G_{inc} = P_{sal} \times G_{sal} + P_{fam} \times G_{fam} + P_{pro} \times G_{pro} + P_{tra} \times G_{tra} \quad (4.14)$$

从式（4.14）可以看出，农村居民收入的增长率主要取决于其各项收入来源在总收入的比重和其增长率。为此，根据式（4.14），我们得到工资性收入、家庭经营性收入、财产性收入以及转移性收入等各项收入来源对农村居民收入的贡献公式，分别用 C_{sal}、C_{fam}、C_{pro} 和 C_{tra} 加以表示，则

$$C_{sal} = (P_{sal} \times G_{sal}) \times 100 \; ; \quad C_{fam} = (P_{fam} \times G_{fam}) \times 100$$

$$C_{pro} = (P_{pro} \times G_{pro}) \times 100 \; ; \quad C_{tra} = (P_{tra} \times G_{tra}) \times 100 \quad (4.15)$$

4.3.2 重庆市农村劳动力转移收入效应的测算

由于工资性收入主要来源于农村劳动力外出所获的收入，因此运用上文建立的农村居民收入的经济数理模型就可以重点探讨工资性收入对农村居民收入增长的贡献率，亦即农村劳动力转移对农户收入的效应。值得一提的是，这里的农村居民总收入和各项收入来源指的是人均纯收入[①]，鉴于 2001 年以前的家庭经营净收入和转移性净收入数据无法获取，而且从 2014 年开始采用城乡可比的新口径居民人均可支配收入，不再统计农村居民纯收入，本节分析的数据选取于 2002～2014 年的《重庆统计年鉴》。根据农村居民收入的经济数理模型，计算出农村居民各项收入的比重、增长率以及贡献率。

---

① 对于农村居民家庭来说，《2010 中国统计年鉴》中给出的定义为，农村居民纯收入是指农村住户当年从各个来源得到的总收入相应地扣除所发生的费用后的收入总和。

　　2001 年以来重庆市农村居民家庭人均纯收入及其构成发生了较大的变化，如表 4-6 和图 4-6、图 4-7 所示。从中可以看出，2001～2013 年，农村居民人均纯收入逐年上升，从 2001 年的 1971.18 元上升为 2013 年的 8331.97 元，增幅达到322.69%。在 2010 年之前家庭经营性收入一直是农村居民纯收入的第一大来源，而 2010 年之后，工资性收入取代家庭经营性收入成为农村居民纯收入的第一大来源，其增幅最大。工资性收入从 2001 年的人均 696.50 元增加到 2013 年的 4089.15元，上升了 4.87 倍，其占农村居民人均纯收入的比重也从 2001 年的 35.33%升至2013 年的 49.08%，增加了 13.75 个百分点，接近人均纯收入的一半，这与农村劳动力外出务工的现实相吻合，说明农村家庭收入的最大来源来自非农业。而家庭经营性收入一直是重庆农村居民收入的重要组成部分，从 2001 年的 1136.62 元增加到 2013 年的 3136.47 元，增幅为 175.95%，但其在家庭人均纯收入中所占的份额也从 2001 年的 57.66%下降至 2013 年的 37.64%，且从 2010 年开始其占比低于工资性收入，成为农村居民收入的第二大来源。尽管从存量上看家庭经营性收入在农村居民收入中占有较大份额，但从流量上看该份额却呈现出不断下降的趋势。农村居民家庭经营性收入占人均总纯收入的比重从 2001 年到 2013 年减少了 20.02个百分点，这也与重庆市农村劳动力非农就业比重趋高的实际相符。另外，财产性收入和转移性收入占农村居民人均纯收入的份额总体较少，在 2001～2013 年各自的平均比重为 1.5%和 7.79%，且变化幅度不大，即使绝对数量在缓慢增加，但在人均纯收入中的平均占比合计不到 10%。因此，重庆市农村居民的人均纯收入中工资性收入超越了家庭经营性收入成为第一大收入来源，且呈现逐年上涨的趋势，家庭经营性收入仍然是十分重要的收入来源，转移性收入在中央政策的作用下占比也在逐年提高，而财产性收入的增幅最小。以上现象说明，从长期来看，农村居民家庭的收入来源不再仅仅依赖农业部门的收入，通过产业或地域间转移而获取的非农业部门的收入将成为农村居民收入增长的新亮点。

表 4-6　2001～2013 年重庆市农村居民人均纯收入及其构成

| 年份 | 纯收入（元/人） | 工资性收入 | | 家庭经营性收入 | | 财产性收入 | | 转移性收入 | |
		金额（元/人）	比重（%）	金额（元/人）	比重（%）	金额（元/人）	比重（%）	金额（元/人）	比重（%）
2001	1971.18	696.50	35.33	1136.62	57.66	15.74	0.80	122.32	6.21
2002	2097.58	783.12	37.33	1164.79	55.53	17.17	0.82	132.50	6.32

续表

年份	纯收入（元/人）	工资性收入		家庭经营性收入		财产性收入		转移性收入	
		金额（元/人）	比重（%）	金额（元/人）	比重（%）	金额（元/人）	比重（%）	金额（元/人）	比重（%）
2003	2 214.55	858.50	38.77	1 185.12	53.52	34.17	1.54	136.76	6.18
2004	2 510.41	931.69	37.11	1 418.84	56.52	33.06	1.32	126.82	5.05
2005	2 809.32	1088.80	38.76	1 541.48	54.87	30.69	1.09	148.35	5.28
2006	2 873.83	1309.91	45.58	1 349.57	46.96	27.29	0.95	187.07	6.51
2007	3 509.29	1559.30	44.43	1 639.82	46.73	43.76	1.25	266.41	7.59
2008	4 126.21	1764.64	42.77	2 016.64	48.87	50.90	1.23	294.03	7.13
2009	4 478.35	1919.68	42.87	2 111.65	47.15	67.80	1.51	379.23	8.47
2010	5 276.66	2335.23	44.25	2 323.51	44.03	90.50	1.72	527.41	10.00
2011	6 480.41	2894.53	44.66	2 748.25	42.41	139.67	2.16	697.96	10.77
2012	7 383.27	3400.77	46.06	2 975.31	40.30	175.56	2.38	831.63	11.26
2013	8 331.97	4089.15	49.08	3 136.47	37.64	234.68	2.82	871.66	10.46

资料来源：根据《重庆统计年鉴》2002～2014 年整理计算而得

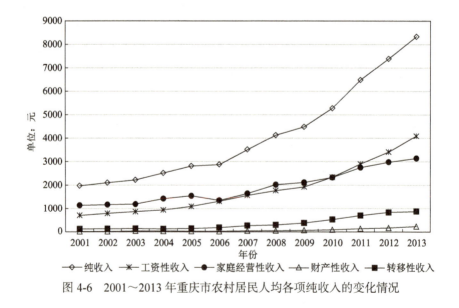

图 4-6　2001～2013 年重庆市农村居民人均各项纯收入的变化情况

总体来看，2002～2013 年重庆市农村居民人均纯收入及其各项收入来源的增长率[①]逐年增高，如表 4-7 和图 4-8 所示。农村居民人均纯收入增长率平均增长了

[①] 这里分析的时间窗口较短，增长率的计算并未考虑通胀因素，实际上，即使考虑这一因素，也并不影响分析的结论。

12.93%。从农村居民各项人均纯收入增长率来看，家庭经营性收入的增长波动性较大，增长的基础并不稳定，从 2011 年的 18.28%下滑到 2013 年的 5.42%，减少了 12.86 个百分点，下降的幅度还比较大。在 2002～2013 年，家庭经营性收入的平均增长率仅为 9.28%，明显低于工资性收入增长的 16.01%、财产性收入增长的 28.64%和转移性收入增长的 18.7%，这说明单纯依赖家庭经营性收入来拉动农村居民收入增长的空间在逐渐缩小。相反，工资性收入增长率却在波动中保持总体上升的趋势，在整个时间段，工资性收入的平均增长率为 16.01%，大约是家庭经营性收入增长率的 1.73 倍，甚至在 2006 年家庭经营性收入出现负增长的情形下也达到了 20.31%，除少数年份外，大都保持在两位数增长。由此可以看出，在整个时期农村居民人均纯收入的增长主要来源于工资性收入。虽然财产性收入和转移性收入增长较快，分别达到了 28.64%、18.7%，但其在农村居民人均纯收入中的比重较低，对促进农村居民收入增长的作用非常有限。总之，工资性收入将在农村居民家庭纯收入中扮演越来越重要的角色。

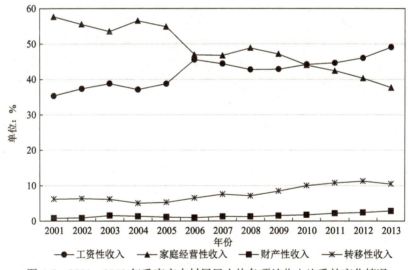

图 4-7　2001～2013 年重庆市农村居民人均各项纯收入比重的变化情况

表 4-7　2002～2013 年重庆市农村居民人均纯收入及其来源的增长率　　单位：%

年份	纯收入	工资性收入	家庭经营性收入	财产性收入	转移性收入
2002	6.41	12.44	2.48	9.09	8.32
2003	5.58	9.63	1.75	99.01	3.22
2004	13.36	8.53	19.72	−3.25	−7.27

续表

年份	纯收入	工资性收入	家庭经营性收入	财产性收入	转移性收入
2005	11.91	16.86	8.64	−7.17	16.98
2006	2.30	20.31	−12.45	−11.08	26.10
2007	22.11	19.04	21.51	60.35	42.41
2008	17.58	13.17	22.98	16.32	10.37
2009	8.53	8.79	4.71	33.20	28.98
2010	17.83	21.65	10.03	33.48	39.07
2011	22.81	23.95	18.28	54.33	32.34
2012	13.93	17.49	8.26	25.70	19.15
2013	12.85	20.24	5.42	33.68	4.81

资料来源：根据《重庆统计年鉴》2002～2014 年整理计算而得

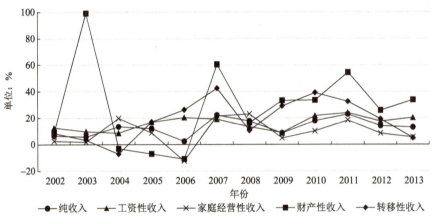

图 4-8　2002～2013 年重庆市农村居民人均纯收入及其来源增长率的变化情况

　　根据农村居民收入的经济数理模型，我们可以把农村居民收入的增长率进一步分解为各项收入来源的贡献，而该贡献又受到各项收入来源的比重和自身的增长率两个因素的影响，为此，我们需要把这两个因素结合起来分析。综合来看，表 4-8 和图 4-9 显示了 2002～2013 年重庆市农村居民人均各项收入来源对总纯收入增长率的贡献。从中可以看出，工资性收入和家庭经营性收入一直是农村居民收入增长的重要贡献因素。进一步比较来看，工资性收入对农村居民收入增长的贡献相对稳定，在 2002～2013 年平均贡献了 6.73%，是各项收入来源中贡献最大的因素，高于家庭经营性收入 2.35 个百分点。特别是在 2006 年，在农村居民纯收入增长回落且家庭经营性收入出现负增长的时候，农村居民纯收入的增长则主

要来源于工资性收入，解释了农村居民纯收入增长的 7.87%。即使在 2008 年爆发
金融危机之后的 2009 年，重庆市外出农村劳动力出现回流的背景下，工资性收入
对农村居民收入增长的贡献也是最显著的。从其他收入的来源来看，财产性收入
和转移性收入对农村居民纯收入增长的贡献的总趋势在增加，但由于其所占比重
较低，所以其贡献也较弱。总而言之，可以预计，随着重庆市产业结构的优化、
工业化和城市化的推进，工资性收入将为促进农村居民收入增长发挥显著的功效，
为农村居民收入增长注入更为持久的动力。

表 4-8　2002～2013 年重庆市农村居民人均各项收入来源对总纯收入增长率的贡献　单位：%

年份	工资性收入	家庭经营性收入	财产性收入	转移性收入
2002	4.40	1.43	0.07	0.52
2003	3.59	0.97	0.81	0.20
2004	3.31	10.55	−0.05	−0.45
2005	6.26	4.88	−0.09	0.86
2006	7.87	−6.83	−0.12	1.38
2007	8.68	10.10	0.57	2.76
2008	5.85	10.74	0.20	0.79
2009	3.76	2.30	0.41	2.07
2010	9.28	4.73	0.51	3.31
2011	10.60	8.05	0.93	3.23
2012	7.81	3.50	0.56	2.06
2013	9.32	2.18	0.80	0.54

资料来源：根据《重庆统计年鉴》2002～2014 年整理计算而得

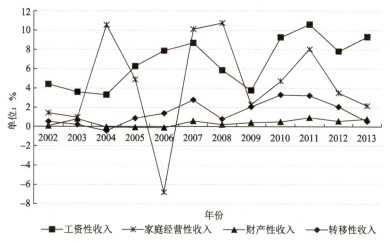

图 4-9　2002～2013 年重庆市农村居民人均各项收入来源对总纯收入增长率的贡献

　　总之，对于城乡统筹试验区的重庆市来说，将从事低生产率产业的农村剩余劳动力有序转移到高生产率的非农产业，不仅有利于促进农业自身劳动生产率的提高，逐步缩小农业产业与非农产业间的劳动生产率差距，提升重庆市整体的劳动生产率水平，促进地区经济增长，还将有利于促进农村居民收入的稳定且持续增长，平抑日渐拉大的城乡收入差距，从而渐进地化解城乡二元经济结构矛盾，实现城乡经济社会统筹发展。这就为重庆市政府实施促进农村劳动力转移的相关战略提供了有效的经验支持和政策启发。但是，从当前重庆市农村劳动力转移的特征事实看，农村转移劳动力的产业、地域、职业等分别仍不平衡，组织化程度比较低，转移也不够彻底，说明重庆市农村劳动力转移依然受到一些制度和政策的约束。因此，为了增强农村劳动力产业间转移的经济效应，我们应该逐步消除限制农村劳动力转移的藩篱，通过制度创新和政策创新构建合理有效的农村劳动力有序转移的激励相容机制。但前提是，我们必须弄清楚制约农村劳动力有序转移的因素是什么，以及农村劳动力转移的动因是什么。这正是第 5 章的写作内容。

重庆市农村劳动力转移的影响因素：
模型构建与实证检验

面对全国统筹城乡综合配套改革试验区的特殊使命，重庆市如何在统筹城乡发展中开创性地探索出促进农村劳动力转移的重庆模式将是一个值得深入研究的重要课题。这就需要我们正确考察重庆市农村劳动力转移的机制和决定因素。因为农村劳动力能否顺利转移并不是人们的主观意愿所能决定的，其转移行为受诸多因素的影响。有鉴于此，本章结合中国经济社会转型时期"二元结构"特征，在对农村劳动力转移经典理论模型进行评价与反思的基础上，运用新古典经济学研究方法，构建了契合中国制度背景的受转移成本与市场需求多重约束的农村劳动力转移模型，尝试从微观视角揭示出农村劳动力的转移机制及其影响因素，并以重庆市为样本在协整框架下实证分析了城乡收入差距、城市消费支出差距以及城市化率对农村劳动力转移比例的动态影响。试图为重庆市政府制定相关政策以促进农村劳动力的顺利转移提供建议，也可为城乡二元经济结构特征突出的其他地区提供实践参考。

改革开放以来，尽管我国经济发展取得了令世人瞩目的成就，但在经济高速增长的背后却是"三农"问题的日益累积与凸显。理论研究和实践经验都表明，加快农村劳动力向非农产业和城镇的转移是破解"三农"问题进而实现农民富裕、农业发展以及农村繁荣的有效路径，也是统筹城乡经济社会一体化发展的必然要求，更是提高全社会劳动生产率的重要前提。对于一个大城市、大农村以及大库区并存的西部直辖市——重庆市来说，农业比较劳动生产率与非农产业比较劳动生产率的差距较大，城乡二元结构特征明显。统计数据显示，被设立为直辖市以来，重庆市第一产业劳动生产率不及全部产业劳动生产率水平的一半，尤其是自20世纪90年代初开始第一产业劳动生产率整体上处于下降趋势；与此同时，第二产业和第三产业等非农产业与第一产业劳动生产率的差距开始拉大，非农产业劳动生产率一直是全部产业的2倍左右。因此，相对于非农产业而言，大量的农村劳动力滞留于农业，农业的比较效益并不高。随着新型工业化、新型城镇化的推进，将低生产率产业的农村劳动力顺利转移到高生产率的非农产业，不仅有利于提升重庆市的全要素劳动生产率水平，促进地区经济增长；还有利于通过农业现代化技术的改良，减少对劳动力的依赖，提高农业劳动生产率的增长速度，缩小产业间生产率的差距，使农村劳动力得到更有效地配置。从某种意义上讲，减少农民比例也是使农民富裕的途径之一，农村劳动力转移可以拓宽农民收入的渠道，增加农民收入，从而逐步化解城乡二元经济结构矛盾，实现城乡经济一体化发展。农民作为理性的"经济人"，在是否转移的决策过程中，会综合考虑多种因素，以实现自身利益的最大化。

农村劳动力转移是世界各国经济发展过程中存在的普遍现象，自然会引起经济学、社会学等学科的广泛关注。从现有文献看，发展经济学家重点强调了城乡收入差距因素对农村劳动力在传统农业部门与现代城市部门间转移的影响（Lewis，1954；Fei and Rains，1961；Kuznets，1966；Todaro，1969；Harris，1970）。近年来国内学者借鉴国外经典理论对农村劳动力转移的研究也取得了一些进展。在农村劳动力转移的动因上可以分为几大类。一是经济因素。高国力（1995）认为，区域经济收入差距是农村劳动力转移的重要因素之一，经济发展水平越高的地区劳动力转移就越活跃，其转移水平也就越高。朱农（2005）则实证分析了城镇GDP等经济因素对农村劳动力转移的影响，研究结果发现，城镇人均GDP越高，吸引农村劳动力的拉力越大，而农村人均GDP越低，农村劳动力转移的意愿就越强烈。程名望等（2006）运用动态宏观经济学的递归方法，通过建立的宏观Logit计量模型表明，城镇的拉力尤其是工业技术的不断进步是农村劳动力从传统农业部门向现代工业部门转移的根本动因。马颖等（2007）则利用中国30个省份的截面数据构建了扩展的托达罗-菲尔茨模型，研究结果表明区域收入差距是影响劳动力在区域间与产业间流动的主要因素。黄国华（2010）构建了成本和市场双重约束条件下的农村劳动力转移模型，并利用全国29个省区市1995～2008年的面板数据进行了实证检验，研究结论显示，城乡收入差距、转移比例、非农产业生产总值比例对转移产生正的作用，而城乡消费支出比例和城镇失业率产生负的作用。程名望等（2010）基于沪鲁晋 364 份调查问卷的实证分析表明：就业风险、就业环境和就业条件都是影响我国农村剩余劳动力转移的重要因素。李中（2013）认为，农村剩余劳动力转移状况与土地资源处置方式的社会化程度之间存在正相关关系。其中，剩余劳动力转移的非农就业状况对其处置土地资源方式的影响最大，对非同一地点转移的程度影响较轻，对农村家庭剩余劳动力转移比例的影响最小。李停（2016）分析表明部门劳动生产率的提高、转移成本的降低和土地融资变现能力的增强有助于促进农村劳动力转移、缩小城乡收入差距。二是制度因素。蔡昉（2001）认为，传统的发展战略以及户籍制度限制了农村劳动力潜在的转移行为，尽管正在推进的市场化取向的经济体制改革放松了对劳动力转移的控制，但是中国的改革还远没有完成，劳动力自由流动的制度障碍依然存在，因此制度创新在促进劳动力转移方面变得更为重要。李培林（2001）的研究结果也表明制度因素对我国农村劳动力转移存在较大的影响。蔡昉等（2003）进一步指出，土地制度的吸引、户籍制度的分割以及就业制度的二元是导致中国农村劳动力"钟摆式"流动的三大制度因素。史晋川（2007）也认为，城乡分隔的劳动力市场与城乡有别的就业制度造成了要素价格的扭曲，正是这种扭曲成为"民工荒"等问题产生的深层次原因。刘良博（2009）则把制约农村劳动力转移的因素细分为户籍制度、社会保障制度、就业制度的限制与歧视，农村土地制度的制约，以及法制建设的滞后。孟令国等（2013）认为，制度不健全、投入不足以及教育体系不完善等是造成当前农村剩余劳动力难以转移的根本原因。三是农村劳动力自身因素。年龄、性别、受教育程度、社会关系网络、家庭特征等个人禀赋因素对农村劳动力转移也有较强的影响。赵耀辉（1997）实证分析发现正规教育对农村劳动力的转移决策影响很弱，但对农村劳动力从农业部门转移到非农产业部门却有显著的影响。而朱农（2002）的研究发现教育仅仅对男性劳动力的转移决策有正向的影响，对女性劳动力则没有影响。赵耀辉（1997）的研究还发现，年龄对农村劳动力的转移决策有正向影响，并且男性劳动力的转移概率比女性劳动力高 7%。杨云彦和石智雷（2008）认为农户家庭禀赋（家庭人力资本与社会资本）对农民外出务工决策有着显著的影响。张玮（2012）认为，农村剩余劳动力留城意愿取决于受教育程度、家庭收入状况、城市住房等因素的交互影响。程名望等（2013）认为，外出从业收入与费用、农业产出与投入、转移者个性特征等因素对农村劳动力转移有显著性影响。

上述研究丰富了对农村劳动力转移影响因素的认识，但放置于中国经济体制转型过程中所具有的城乡二元结构特征框架内构造农村劳动力转移的理论模型的比较少，使得相关研究的微观基础比较薄弱，从而很难避免受到"卢卡斯批判"的质疑。此外，已有研究定性分析较多，定量研究较少。即使在较少的定量研究中，运用国家层面的截面数据较多，基于区域层面进行时间序列分析较少。有鉴于此，本章在代表性农民最优行为理论分析的微观基础上，选取国家统筹城乡综合配套改革试验区——重庆市为样本，采用时间序列动态建模思想就重庆市农村劳动力转移的影响因素进行实证分析。本书认为农村劳动力转移与各影响因素间的关系必须得到实证和解释，唯有如此才能找到促进重庆市农村劳动力顺利转移的正确途径。基于此目的，本章的结构安排为：第一部分基于新古典主义研究方法构造农村劳动力转移的理论模型，为后续的实证研究提供理论基础；第二部分建立计量模型，对本模型的指标选择与数据来源做出说明，并运用单位根检验（unit root test）、协整检验（cointegration test）和格兰杰因果关系检验对农村劳动力转移与各影响因素之间的关系进行实证分析。

5.1 农村劳动力转移理论模型的构造

农村劳动力的转移行为是如何发生的？其行为过程究竟受哪些因素的影响？这需要从理论层面加以揭示。本节运用新制度经济学理论对农民的行为作了更接近于现实的假定，并对农村劳动力转移的经典理论模型进行评价与反思，在此基础上，基于微观视角构造了契合中国制度背景的受转移成本与市场需求多重约束的农村劳动力转移模型。

5.1.1 农村劳动力转移理论模型的前提假设

人们行为的假定是社会科学特别是经济学研究的逻辑起点，自然也是农村劳动力转移决策模型研究的前提。自古典经济学代表人物亚当·斯密以来，经济学家就把人类行为界定为追求利益或财富最大化即"经济人"，这种利益最大化正是个体行为的驱动机制，个体便在成本和收益比较中选择最佳的行为。新制度经济学却认为，现实中的人类行为远比传统经济理论的利益最大化行为假定复杂，并由此建立了更接近于现实的人类行为模型（卢现祥，1996）。正如道格拉斯·C.诺斯所指出的，传统经济学的经济人行为假定会妨碍社会科学家对制度的存在、形成与演进等根本因素的理解（诺斯，1994）。为此，新制度经济学对人的行为特征在以下三个方面做了重新假定。①人的动机具有双重性。一方面人们追求财富的最大化，即把与财富相关的因素（物质享受、货币收入等）视为个人效应函数中非常重要的目标变量。另一方面人们又追求非财富的最大化，即把利他主义、意识形态和自愿负担约束等非财富因素也纳入个人的目标函数中。人们往往要在财富价值与非财富价值之间进行权衡，这种权衡的过程也就是在两者之间探寻均衡点的过程（卢现祥，1996）。②人的行为受到"有限理性"（bounded rationality）的约束。这个假定涉及人与环境的关系，在新制度经济学看来，人们面临的客观环境是复杂的、不确定的而且信息也是不完全的，而人们对环境的计算能力与认知能力却是有限的，这就决定了人们尽管"在主观上追求理性，但只能在有限程度上做到这一点"（威廉姆森，1998）。③人具有机会主义倾向（opportunism）。也就是说，在非均衡的市场上，人们具有收益内部化、成本外部化的逃避经济责任的一种行为倾向（卢现祥，1996）。人的这种机会主义倾向正是人类社会各种制度安排产生的一个重要根源。鉴于新制度经济学对人的行为假定还原了人的本质，更加贴近现实中人的复杂行为，所以本节在农村劳动力转移理论模型的构造中，试图运用新制度经济学中关于人的行为假定理论来理解农村劳动力[①]的转移决策行为。

　　一般来说，农村劳动力存在三种转移决策行为。一是转移还是不转移决策。这是农村劳动力转移的基本决策行为，自然成为本章分析的重点。二是转移方向决策。农村劳动力在做出转移决策后，紧接着需要在就业的产业、区域、职业、以及组织等方面进行选择。三是转移型态决策。农村转移劳动力在明确就业方向后，还需要在永久性转移和暂时性转移、彻底性转移和兼业型转移等型态中做出决策。总的来说，农村劳动力在进行转移时无论做出哪种行为决策，总是根据自己面临的各种约束条件（资本、信息、人力资本、制度等），选择一种在既定约束下能实现个人收益或效用最大化的行为方式。因此，农村劳动力的行为是理性的，它既追求货币收益（工资收入、财富的增加等）的最大化也追求非货币收益（社会地位、幸福感、人生价值等）的最大化，但又受到自身"有限理性"的约束，并存在内生的机会主义动机。正如著名经济学家舒尔茨（1987）所指出的："全世

---

① 需要指出的是，这里的农村劳动力指的是农村居民或者说农民。

界的农民在处理成本、报酬和风险时是进行计算的经济人。在他们小的、个人的、分配资源的领域中，他们是微调企业家，调谐做得如此微妙以致许多专家未能看出他们如何有效率。"这就意味着，农村劳动力的转移决策同样适用于"经济人"的行为决策模型，只不过，这里的"经济人"行为比传统经济学更为复杂与丰富。因此，本节所构建的农村劳动力转移理论模型的前提假设为：①农民是经济理性人，在中国现行的制度框架下，农民经济活动的目的在于追求自身效用或收益的最大化；②农民的经济活动主要受经济因素的影响，其行为决策的依据是该行为所带来的效用（收益）和成本的比较。这就意味着，农村劳动力在产业间和区域间的转移并不是一时的冲动，而是为了实现自身效用或收益最大化而进行理性决策的结果。[①]

5.1.2 农村劳动力转移经典理论模型的评价

基于研究方法的角度，经济学领域中农村劳动力转移的经典理论模型可以分为两类：一是从宏观视角分析的结构主义方法，如刘易斯模型、费景汉-拉尼斯模型与乔根森模型等；二是从微观视角分析的新古典主义方法，如托达罗模型、哈里斯模型、克拉克模型等。前者以社会经济结构为研究的出发点，强调经济社会结构刚性而导致的经济非均衡发展对劳动力转移的影响，而后者则以经济个体或家庭为研究对象，强调个体的利益或效应最大化动机对转移决策行为的影响。考虑到新古典主义研究方法仍然是现代经济学的主流范式，此外从微观视角构造农村劳动力转移影响因素的理论模型，可以为政府制定促进农村劳动力可持续转移的相关政策提供微观基础。因此，本书借鉴新古典主义方法构建农村劳动力转移的微观理论模型。

在新古典主义研究方法中最具代表性的经典理论模型当属托达罗模型。该模型是基于 20 世纪六七十年代发展中国家农村迁移者不顾城市较高失业率的存在仍然纷纷流入城市的背景下提出的，而传统的结构主义方法模型无法解释这一矛盾的经济现象，托达罗（Todaro，1969）通过引入"预期收入"对此作了很好的回答。托达罗（Todaro，1969）认为，农村劳动力向城市的转移不仅受城乡实际

---

① "中国城镇劳动力流动"课题组在《中国劳动力市场建设与劳动力流动》一文中表明：近一半的流动人口在移民之前在目的城市中有亲戚，30%～40%的人有同乡，15%～20%的人有朋友、同学或其他认识的人，来到城市前不认识城里任何人的移民所占比例不到总数的 20%。这很好地说明，农村劳动力向城市的转移决策是理性的，并不是一般人所想象的是一种"盲目"的转移。

收入差距的影响，还受到城市获得就业岗位的概率大小的影响，只有城市预期收入现值大于农村就业的预期收入现值，农村劳动力作出转移的决策才是合理的。但在城乡收入差距诱致下的劳动力转移，一方面会增加城市的就业压力，降低城市的就业概率，进而导致农村劳动力对城市的预期收入下降；另一方面农村劳动力会因转移而减少，农业总供给下降，诱发农产品价格上涨，进而农业部门的人均收入增加，两方面的共同作用最终导致城乡预期收入差距消失，此时农村劳动力的转移实现均衡（苗瑞卿等，2004）。托达罗模型的思想可用公式表示为

$$\frac{\dot{S}}{S} = \beta + \pi(t)F\left[\frac{V_u(t) - V_r(t)}{V_r(t)}\right] \tag{5.1}$$

式中，$\dot{S}$ 表示转移的农村劳动力规模；S 表示城市现有的劳动力规模；$V_u(t)$ 表示第 t 期内城市收入水平；$V_r(t)$ 表示第 t 期内农村收入水平；$\pi(t)$ 表示第 t 期内城市的就业概率；β 表示城市劳动力人口的自然增长率；$F' > 0$。

托达罗模型为后续劳动力转移研究作了奠基性贡献，也为大部分发展中国家劳动力转移政策的制定提供了理论指导。[①]但是，托达罗模型也存在一些内生的缺陷。首先，托达罗模型假定落后的农村部门并不存在剩余劳动力，这显然不符合大多数发展中国家的实际情况。其次，托达罗模型假定农村劳动力的乡城流动是自由的，并且能够获得与城市原有劳动力同等的在现代部门就业的机会。事实上，对于像中国这样的发展中国家，农村劳动力的流动一直以来都受到制度的约束。制度因素深刻影响着农村劳动力转移的预期收益、预期成本以及就业概率。再次，托达罗模型对转移成本的考虑过于片面，仅仅分析了转移的机会成本（如农村收入），而未分析对农村劳动力转移产生重要影响的直接成本（如搜寻成本、迁移成本、心理成本等）。[②]最后，托达罗模型虽然认识到了城乡预期收入差距是农村劳动力转移的重要因素，但却忽略了收入的实际购买力或者说收入的实际效用对农村劳动力转移的影响。为此，本节在借鉴托达罗模型的基础上，结合农民理性人假设，构造契合中国经济社会体制背景的农村劳动力转移的微观理论模型，从静态均衡视角探讨农村劳动力的转移机理及其影响因素。

---

① 正如 Willis（1980）所指出的："没有任何一个人像托达罗那样对第三世界城市高失业率和农村迁移者向城市的大量流入的并存现象做出了如此令人信服的解释，这种解释已经导致了大多数经济学家观点的重大改变。"

② 许多学者的研究结果表明，劳动力转移的直接成本会对劳动力转移产生更加重要的影响。

5.1.3 农村劳动力转移理论模型的现实构造

对于一个理性的代表性农民来说,其经济活动必然以追求效用最大化为目标。在追求效用最大化过程中,农民受比较利益的驱动,会将自身的劳动力合理地配置在不同的产业和区域。当城市部门的非农产业就业收入大于农村部门农业就业收入时,农业劳动力就表现出向其他非农产业或区域转移的倾向。在其他条件不变的情况下,这种转移倾向就会变成现实的转移行为。因此,理性的农民将自身拥有的资源投入到不同的产业以获取农业收入或者非农业收入,最终实现自身以及家庭效用的最大化。其行为的最优规划是

$$\max U = \max U(\text{TR}_a, \text{TR}_u) \tag{5.2}$$

式中,TR_a 表示代表性农民在农业部门获得的农业收入,即代表性农民在农村经营土地所产生的比较纯粹的农业收入,鉴于中国农业生产的一般性与特殊性,这种收入不仅受农业投入水平的影响,还受到自然环境、市场环境以及政策环境的约束。TR_u 表示代表性农民在非农业部门获得的非农业收入,即代表性农民在城市非农产业部门所获得的工资收入以及其他货币收入。根据要素市场理论,一种要素获得的报酬取决于整个社会对该要素的需求量和该要素的边际生产力即工资率。假定整个社会对农业劳动力的需求量为 D_a,而对非农产业劳动力的需求量为 D_u,农业劳动力与非农产业劳动力的工资率分别为 W_a 和 W_u,那么,农业收入与非农业收入可以表示为:$\text{TR}_a = W_a D_a$,$\text{TR}_u = W_u D_u$。需要指出的是,非农产业劳动力需求量的多少在一定程度上也反映了农村劳动力在非农产业部门就业概率的大小。为此,代表性农民行为的最优规划进一步调整为

$$\max U = \max U(W_a D_a, W_u D_u) \tag{5.3}$$

当然,农业收入和非农业收入的获取都需要资源的投入,也就是说,要受到成本的约束。假定代表性农民在农业部门投入的成本为 TC_a,在非农业部门投入的成本为 TC_u。具体来说,这里的农业成本广义地包括了农业的生产成本和农村的生活成本两部分(赖小琼,余玉平,2004)。根据新古典生产理论,农业生产中投入的土地、资本、劳动力等要素便构成农业的生产成本。而生活成本泛指农民为维持农业再生产所投入的衣食住行等生活支出和教育、医疗等支出。非农成本是指农民从农业部门转移到非农业部门就业以及在城市居住、生活的整个过程中所直接产生的成本。其包括信息搜寻成本、迁移成本、人力资本投资成本、生活

成本、文化心理成本、歧视成本等。[①]在中国的制度背景下，这些成本都直接或间接与制度因素有关，因此这些成本也广义地称为制度成本。为了分析的简化，可假定代表性农民获取农业收入的成本投入率为 π_a，获取非农业收入的成本投入率为 π_u，则代表性农民在获取农业收入与非农业收入过程中面临的成本约束为

$$s.t \quad \pi_a TR_a + \pi_u TR_u = \pi_a W_a D_a + \pi_u W_u D_u = TC \qquad (5.4)$$

根据式（5.3）和式（5.4），代表性农民行为的最优化问题的 *lagrangian* 函数表示为

$$L = U(W_a D_a, W_u D_u) - \lambda(\pi_a W_a D_a + \pi_u W_u D_u - TC) \qquad (5.5)$$

分别对 W_a 和 W_u 求微分，可得

$$\partial L / \partial W_a = \partial U / \partial W_a - \lambda \pi_a D_a = 0 \qquad (5.6)$$

$$\partial L / \partial W_u = \partial U / \partial W_u - \lambda \pi_u D_u = 0 \qquad (5.7)$$

根据式（5.6）求出 λ 带入式（5.7）得到

$$\partial U / \partial W_u - (\pi_u D_u / \pi_a D_a)\partial U / \partial W_a = 0 \qquad (5.8)$$

将式（5.8）进一步整理得到

$$\frac{\partial U / \partial W_u}{\pi_u D_u} = \frac{\partial U / \partial W_a}{\pi_a D_a} \qquad (5.9)$$

令 MU_u 表示非农收入的边际效用，MU_a 表示农业收入的边际效用，则式（5.9）可以转换为

$$\frac{MU_u}{\pi_u D_u} = \frac{MU_a}{\pi_a D_a} \qquad (5.10)$$

式（5.10）表明，当时，农村劳动力向城镇和非农产业的转移达到最优均衡

---

① 具体来说，搜寻成本是指农民为搜集非农产业部门就业的相关信息所支出的成本；迁移成本是指交通成本、搬迁成本以及重新安家等成本；人力资本投资成本是指农民为了顺利实现在非农产业部门就业所投入的教育和培训成本等；生活成本是指房租、子女入托入学、饮食、医疗等支出；文化心理成本是指农民离开家乡、亲人产生的思乡情绪以及处于陌生环境所存在的文化、观念以及心理障碍；歧视成本是指受到城市当地居民和政府的歧视、排挤所产生的成本。

状态，如果等式的左侧大于右侧，则农村劳动力将选择转移的行为，反之，则不转移即留在乡村务农。

5.2 农村劳动力转移影响因素的实证检验

为了进一步检验上节提出的农村劳动力转移理论模型的合理性，本节将以城乡二元结构特征比较突出的国家城乡统筹综合配套改革试验区重庆市为例，对重庆市农村劳动力转移与各影响因素的关系做出实证分析。具体来说，本节将给出实证分析的计量模型，讨论指标的选择问题，并对数据的来源及研究方法予以说明，在此基础上，对重庆市农村劳动力转移与各影响因素之间的关系进行检验。

5.2.1 计量模型设定

从农村劳动力转移理论模型中可以看出，对于追求效用或收益最大化的农村劳动力来说，其做出的是否转移、向哪里转移以及以何种方式转移等相关决策，关键受到非农收入效应、获取非农收入而投入的成本以及城市劳动力市场对农村劳动力的需求（就业概率）三个因素的影响。从表现形式看，农村劳动力通过转移而获取的非农收入效用可以分为货币效用（收入的增加、福利的改善等）和非货币效用（人力资本的增值、个人价值的实现、舒适便利的生活环境等）两种类型，与此相同，农村劳动力转移的成本也可分为货币成本（搜寻成本、迁移成本、生活成本等）和非货币成本（心理成本、歧视成本等）。从实证分析的角度来说，纳入计量模型中的变量一般都具有可度量性和数据的可获得性特征，而非货币效用与非货币成本主要取决于决策者的主观评价，自然无法测度，数据也很难获取。更进一步来说，这种主观评价又受决策者的个体特征、资源禀赋、家庭特征等因素的综合影响，对于人力资本水平普遍较低的农村劳动力来说，可能更看重的是货币效用和货币成本。因此，货币效用和货币成本对农村劳动力转移决策的影响将更大。基于上述考虑，本节重点考察货币效用和货币成本与农村劳动力转移的关系。城乡收入差距与城市消费支出水平直接影响了农村劳动力转移的货币效用和货币成本，本节选择城乡收入差距与城市消费支出水平作为货币效用与货币成本的代理解释变量。另外，对于经济转轨和社会转型的中国来说，影响农村劳动力就业概率的因素是多方面的，但以户籍制度为核心的城乡二元的制度安排无疑是最为重要的因素，尽管随着市场化取向的经济体制改革的不断深入，城乡二元的制度安排已经有所松动，但仍然是当前限制农村劳动力在乡城间、产业间顺利流动的主要障碍。为此，本书选择城市化率作为户籍制度改革程度的代理性解释变量，同时城市化率也很好地反映了城市劳动力市场对农村劳动力的需求程度。理论上说，城市化水平越高，以户籍制度为核心的相关制度就越松动，吸纳农村劳动力的就业容量就越大，进而能够提高农村劳动力的就业概率。因而，中国农村劳动力的转移决策，关键受到货币效用、货币成本与城市化率的影响。这为本节计量模型的设计提供了理论基础。有鉴于此，本节选择农村劳动力转移比例（TRANSF）作为被解释变量，选择城乡收入差距（GAPINCO）、城乡消费支出差距（GAPEXPD）以及城市化率（URBANIZ）作为解释变量。

在具体计量模型的选择上，本书认为采用非结构化的计量模型更能真实反映出城乡收入差距、城市消费支出差距、城市化率对农村劳动力转移比例的长期动态影响，而向量自回归模型（vector autoregression model，VAR）正是一种非结构化的多方程模型。该模型通常用于相互联系时间序列系统的预测以及确定随机扰动项对变量系统的动态影响（高铁梅，2006）。同时，考虑到城乡收入差距、城市消费支出差距、城市化率对农村劳动力转移比例的作用往往存在一定的滞后期。因此，本节选择向量自回归模型。这种模型的数学表达式为

$$y_t = A_1 y_{t-1} + \cdots + A_p y_{t-p} + B x_t + \varepsilon_t \quad (t = 1, 2, \cdots, T) \qquad (5.11)$$

式中，y_t 是 k 维内生变量向量，x_t 是 d 维外生变量向量，p 是滞后阶数，T 是样本容量。$k \times k$ 维矩阵 $A_1, \cdots, A_p$ 和 $k \times d$ 维矩阵 B 正是要被估计的系数矩阵。ε_t 是 k 维随机扰动项，它不能与自己的滞后值以及等式右边的变量相关。结合向量自回归计量模型的一般表示，同时，考虑到本书是为了实证检验二元结构条件下城乡收入差距、城市消费支出差距、城市化率与农村劳动力转移比例的关系，设定如下向量自回归计量模型

$$Ln\text{TRANSF}_t = \alpha_0 + \sum_{i=1}^{n} \alpha_{1i} \text{GAPINCO}_{t-i} + \sum_{i=1}^{n} \alpha_{2i} \text{GAPEXPD}_{t-i} + \sum_{i=1}^{n} \alpha_{3i} Ln\text{URBANIZ}_{t-i}$$

$$+ \sum_{i=1}^{n} \alpha_{4i} Ln\text{TRANSF}_{t-i} + u_t$$

$$(5.12)$$

5.2.2 模型指标选择

本书涉及的变量和数据资料主要包括农村劳动力转移比例、城乡收入差距、城市消费支出差距与城市化率四个方面。其中，对于农村劳动力转移比例的度量，根据黄国华（2010）的研究方法，本节也采用公式"农村劳动力转移比例=−（本年的农村人口−去年的农村人口−去年的农村人口×本年的人口自然增长率）/本年的农村人口"估算农村劳动力转移比例。对于城乡收入差距的度量，本节选择常用的城乡收入比即城市居民人均可支配收入和农村居民人均纯收入的比例（农村=1）指标，该比例越大，表明城乡收入差距越大，农村劳动力通过乡城转移所获取的收入将越高。对于城市消费支出差距的度量，本节选择城乡居民消费水平比即城市居民人均消费支出和农村居民人均消费支出的比例（农村=1）指标，以此度量农村劳动力向城市转移所引起的直接价格成本的变动情况。城市化水平的衡量，考虑国际上的人口比重法和数据的可获得性，本节选择非农业人口占总人口的比例指标。本书所涉及的时间序列数据来源于《重庆统计年鉴》（1985～2017 历年）、《新中国五十五年统计资料汇编》、《中国人口统计年鉴》（1985～2017 历年）。

5.2.3 实证检验与分析

由于实际应用中大部分时间序列为非平稳序列，其数字特征会随着时间的变化而变化，这显然不满足均值为常数以及方差齐次性的统计要求。因此，为了避免模型出现伪回归现象，首先要对序列的平稳性进行单位根检验，最为常用的检验方法有 ADF（Augmented Dickey-Fuller）检验、PP（Phillips-Perron）检验和 KPSS（Kwiatkowski Phillips Schmidt Shin）检验。鉴于三种检验方法的差异可能造成检验结果的不一致，本节综合运用了这三种检验方法以此提高检验结果的可靠性。需要说明的是，KPSS 检验的原假设是时间序列具有平稳性（H_0=平稳），备择假设是存在单位根（H_1=单位根），这一点正好与 ADF 检验和 PP 检验方法相反。此外，考虑到变量之间可能存在着非线性关系，同时为了考察变量之间相互影响的弹性关系，本节首先对农村劳动力转移比例（LTRANSF）、城乡收入差距（LGAPINCO）、城市消费支出差距（LGAPEXPD）与城市化率（LURBANIZ）相关变量取对数，分别取农村劳动转移比率、城乡收入差距、城市消费支出差距和城市化率。

表 5-1 显示了农村劳动力转移与各影响因素变量的单位根检验结果。从中可以看出，农村劳动力转移比例、城乡收入差距、城市消费支出差距与城市化率在不同的显著性水平上都没有通过 ADF 检验、PP 检验和 KPSS 检验。其中，农村劳动力转移比例、城乡收入差距、城市消费支出差距与城市化率的 ADF 检验和PP 检验结果不显著，接受了原不平稳的假设；而这四个变量的 KPSS 检验结果显著，拒绝了原平稳的假设。通过检验发现，经过对数化的农村劳动力转移比例、城乡收入差距、城市消费支出差距与城市化率四个变量均为非平稳性变量。本书对于非平稳性变量序列进行差分处理后再做进一步检验。检验结果显示，上述变量的一阶差分统计量在 ADF 检验和 PP 检验中都很显著，因此拒绝原不平稳的假设；在 KPSS 检验中不显著，接受原平稳的假设。检验结果表明，农村劳动力转移比例、城乡收入差距、城市消费支出差距以及城市化率四个变量序列经过差分处理后都是一阶单整 $I(1)$，即具有平稳性。因此，可以通过协整检验来确定农村劳动力转移比例与城乡收入差距、城市消费支出差距以及城市化率之间是否存在长期稳定的均衡关系。

表 5-1　农村劳动力转移与各影响因素的单位根检验

序列	水平统计量			一阶差分统计量		
	KPSS	ADF	PP	KPSS	ADF	PP
LTRANSF	0.373*	−0.30576	−3.012	0.127	−1.4750***	−5.644***
LGAPINCO	0.593**	−0.15225	−1.864	0.413	−0.8443***	−4.541***
LGAPEXPD	0.355*	−0.044514	−0.953	0.522	−0.6074***	−4.360***
LURBANIZ	0.685**	−0.76154	−3.923	0.594	−0.6724***	−2.304***

注：（1）***、**和*分别表示在1%、5%和10%的显著性水平上拒绝原假设；（2）趋势假设：检验方程仅包含截距项

运用经过差分处理后的平稳序列所建立的时间序列模型很难做出经济学解释，而 Engle 和格兰杰提出的协整理论和方法，正好为非平稳序列的建模提供了一种重要途径。[①]在实际应用中，常见的协整检验方法有基于回归系数的协整检验（如 Johansen 检验）和基于回归残差的协整检验（如 CRDW 检验、ADF 检验等）。鉴于 Johansen 检验是一种以 VAR 模型为基础的进行多变量协整检验的较好

[①] Engle 和格兰杰（1987）指出，虽然一些经济变量的本身是非平稳序列，但是它们的线性组合却有可能是平稳的，这种平稳的线性组合就称为协整方程，也可解释为经济变量之间的长期稳定的均衡关系即协整关系。

方法，它克服了基于回归残差协整检验方法的内在缺陷[①]，本书采用 Johansen 检验法估计农村劳动力转移比例与城乡收入差距、城市消费支出差距以及城市化率之间的协整关系。

需要说明的是，Johansen 协整关系的检验统计量主要有特征根迹（Trace）和最大特征值（Max-Eigen）统计量。Trace 统计量的原假设是存在 r 个协整关系，备择假设是存在 k 个协整关系。其检验统计量为 $LR_{tr}(r/k) = -T \sum_{i=r+1}^{k} \ln(1-\lambda_i)$，其中 λ_i 是矩阵 Π 的从大到小排列的第 i 个特征根。而 Max-Eigen 统计量的原假设是存在 r 个协整关系，备择假设是存在 $r+1$ 个协整关系。其检验统计量为 $LR_{tr}(r/r+1) = -T \ln(1-\lambda_{r+1}) = LR_{tr}(r/k) - LR_{tr}(r+1/k)$。

表 5-2 农村劳动力转移与各影响因素间的 Johansen 协整关系检验

协整向量个数原假设	Trace 统计量	5%临界值	Max-Eigen 统计量	5%临界值
没有	93.7807**	54.64	37.8831**	30.33
至多 1 个	55.8976	34.55	24.5856	23.78
至多 2 个	31.3120	18.17	19.4768	16.87
至多 3 个	11.8352	3.74	11.8352	3.74

注：**表示 5%显著性水平上拒绝原假设。趋势假设：时间序列数据不存在确定趋势；根据 SC 准则确定最优滞后期为 1

表 5-2 显示的是农村劳动力转移与各影响因素间的 Johansen 协整检验结果。从中可以看出，农村劳动力转移比例与城乡收入差距、城市消费支出差距以及制度安排这三个变量协整检验的特征根迹统计量为 93.7807，远大于 5%显著性水平上的临界值 54.64，其最大特征值统计量（37.8831）在 5%显著性水平上同样大于临界值（30.33）。由此可以表明，在 1985~2016 年的样本区间内，农村劳动力转移比例、城乡收入差距、城市消费支出差距以及城市化率四个变量之间存在唯一的协整关系。通过向量误差修正模型得到均衡向量为

$$\beta' = (1.000\,0, -2.149\,675, 1.815\,781, -0.629\,846\,5)$$

则四个变量之间的协整方程为

---

① 基于回归方程残差的检验法其内在的缺陷主要表现在，隐含假设非平稳变量之间只存在一个协整关系，无法适用于多变量系统，另外它也没有很好地考虑到解释变量之间可能存在的内生性问题。

$$LTRANSF = 2.149\,675 LGAPINCO - 1.815\,781 LGAPEXPD + 0.629\,846\,5 LURBANIZ \tag{5.13}$$

（0.160 681 3）　　　　　（0.313 407 7）　　　　　（2.012 845）

（4.138 669）　　　　　（3.318 153）　　　　　（3.272 538）

　　方程（5.13）反映了 1985～2016 年农村劳动力转移比例、城乡收入差距、城市消费支出差距以及城市化率四个变量之间的长期均衡关系，由于各变量都采取的是对数形式，这些系数也就反映了长期的弹性（上括号内数据表示各系数标准差，下括号内数据则为 t 值）。从方程（5.13）可以发现，改革开放以来城乡收入差距与农村劳动力转移比例之间存在正的弹性关系，其长期弹性系数为 2.149 675，亦即城乡收入比例每增加 1 个百分点，农村劳动力转移比例将增加 2.149 675 个百分点。这表明城乡收入差距一直以来都是重庆市农村劳动力向城镇转移的主要诱因。这一结论与蔡昉等（2003）、程开明等（2007）的研究结果基本一致。此外，城市化率与农村劳动力转移比例之间也存在正的弹性关系，说明城市化水平的提高，将为农村劳动力释放出更大的就业空间[1]，从而诱使农村劳动力向城镇转移。[2]同时也说明，城乡二元制度的逐渐松动将进一步提高农村劳动力的就业概率，进而为农村转移劳动力实现外部利润的内部化提供有效保障。总的来说，经济因素依然是促进重庆市农村劳动力转移的首要因素。不过，与城市化率和城乡收入差距对农村劳动力转移比例影响方向不同的是，城市消费差距与农村劳动力转移比例之间存在负的弹性关系，说明城市消费支出比例的提高，将增加农村转移劳动力的生活成本，自然成为阻碍重庆市农村劳动力转移的因素。最后，本书对 LTRANSF 与 LGAPINCO、LTRANSF 与 LGAPEXPD 和 LTRANSF 与 LURBANIZ 两两分别进行协整检验，同样发现它们之间存在协整关系，充分说明农村劳动力转移比例、城乡收入差距、城市消费支出差距以及城市化率四个变量之间确实存在长期稳定的关系。

　　尽管 Johansen 协整检验结果表明了农村劳动力转移与各影响因素间存在长期均衡关系，但是这种长期均衡关系是否构成短期因果关系，还有待于进一步检验。

---

① 国际经验表明，城市化可以通过促进第三产业发展、促进工业化以及促进经济发展来创造出更多的就业岗位。

② 统计数据显示，重庆市政府用于公用事业和市政建设的投资额从 1999 年的 28.29 亿元上升到 2008 年的 356.80 亿元。公共交通、园林绿化、环境卫生、市政工程的基础设施的投资为进城务工的农民创造了大量的就业岗位。

为此，本书在对农村劳动力转移比例、城乡收入差距、城市消费支出差距以及城市化率变量进行格兰杰因果关系检验的基础上，以此判断它们之间的短期关系。值得一提的是，格兰杰因果关系检验方法仅适用于平稳时间序列间的因果关系检验，考虑到变量 LTRANSF、LGAPINCO、LGAPEXPD 和 LURBANIZ 都是一阶单整，这就需要对一阶差分后的平稳序列即 ΔLTRANSF、ΔLGAPINCO、ΔLGAPEXPD 和 ΔLURBANIZ 进行格兰杰因果关系检验。表 5-3 检验的是农村劳动力转移比例、城乡收入差距、城市消费支出差距以及城市化率四个变量之间的格兰杰因果关系。从表 5-3 可以看出：①在最优滞后 1 期时，城乡收入差距在 1% 的显著性水平上是农村劳动力转移比例的格兰杰单向原因，说明城乡收入差距在短期内也是农村劳动力转移的经济动因；②在最优滞后 3 期时，城市消费支出差距在 10% 的置信度上是农村劳动力转移比例的格兰杰单向原因；③在最优滞后 4 期时，城市化率在 5% 的置信度上是农村劳动力转移比例的格兰杰原因，而农村劳动力转移比例也在 10% 的置信度上成为城市化率的格兰杰原因，这说明农村劳动力转移和城市化存在明显的双向格兰杰因果关系。

表 5-3　农村劳动力转移与各影响因素间的格兰杰因果关系检验

变量	原假设	最优滞后期	样本数	F 统计值	P 值
LGAPINCO	LGAPINCO 不是 LTRANSF 的格兰杰原因	1	30	12.01	0.007 3
	LTRANSF 不是 LGAPINCO 的格兰杰原因	1	30	0.03	0.858 4
LGAPEXPD	LGAPEXPD 不是 LTRANSF 的格兰杰原因	3	28	2.03	0.089 83
	LTRANSF 不是 LGAPEXPD 的格兰杰原因	3	28	1.54	0.234 1
LURBANIZ	LURBANIZ 不是 LTRANSF 的格兰杰原因	4	27	6.2	0.047 50
	LTRANSF 不是 LURBANIZ 的格兰杰原因	4	27	1.02	0.042 49

　　总之，对于一个城乡二元结构特征突出的西部年轻直辖市重庆市来说，被设立为直辖市以来，农业比较劳动生产率与非农产业比较劳动生产率的差距明显，大量的农村劳动力滞留在有限的土地资源上，制约了农业和工业的现代化进程以及重庆市经济社会的协调发展。中央政府批准重庆市为全国统筹城乡综合配套改革试验区，这为重庆市破解日益凸显的城乡统筹难题提供了重要的政策保障。重庆市如何在城乡统筹发展中开创性地探索出促进农村劳动力转移的重庆模式将是一个值得深入研究的重要课题。这就需要我们首先从微观的视角考察重庆市农村

劳动力转移的决策机理和影响因素。本章的理论模型和实证检验结果表明，如何提高农村劳动力的非农收入效用、降低农村劳动力的转移成本以及扩大城市劳动力市场对农村劳动力的需求，将是重庆市政府未来政策设计的着眼点。第 6 章将着眼于城乡统筹发展，构建促进重庆市农村劳动力转移的长效机制，以促进农村劳动力持续、稳定、有效地转移。

城乡统筹发展要求农村劳动力不仅能够从农民转化为农民工，更重要的是从农民工转化为市民，实现居住地、工作地、社会身份的整体转变，能够与城镇居民享受同等的国民待遇与公共服务。但目前重庆市农村劳动力转移主要处于第一阶段，即从农民转化为农民工，实现居住地、工作地的改变，虽然政府已经从政策层面开始破题，推进农转城户籍制度改革，改革成效也相当可观。我们可以看到，即使这些社会身份转变了的转移农村劳动力仍然面临一个在城镇扎根安定下来的困境，能够转移出来，并且安心地落户，不担心眼前的生活及未来的发展，更不后悔当初的转移决定，与农村彻底决裂。因此，要想真正实现农村劳动力转移，推进城乡统筹发展进程，让更多的农村劳动力享受到经济发展的成果，尚需要设计一个有效的机制，让目前已经转移出来的农村劳动力能够在城镇安定下来，让更多未完全转移的农村劳动力实现转移并融入城镇生活。本章简要介绍英国、美国、日本三个发达国家的农村劳动力转移的进程与做法，并分析四川省成都市的相关经验，总结出相应的促进农村劳动力转移的经验与启示。

6.1 农村劳动力转移的国际经验借鉴

世界发达国家的工业化进程表明：农村劳动力转移是所有工业化国家由传统经济向现代经济转型过程中的必经阶段，在工业化推进过程中，随着生产技术与管理水平的提高，在政府相关产业政策及配套政策的刺激下，农村劳动力的产业转移与城乡转移伴随着产业结构调整得以实现。虽然各国经历的时间长度不同、呈现的特点不同、采取的措施与路径不同，但农村劳动力的转移经验对重庆市农村劳动力转移还是具有一定的指导意义。下文就英国、美国、日本三个发达国家的农村劳动力转移的经验与启示进行简要的分析。

6.1.1　农村劳动力转移的国际经验简介

1）英国。英国是世界上农村劳动力转移时间最早、规模最大、速度最快的国家，借助于 18 世纪 60 年代的工业革命开启了农村劳动力的大规模转移，经历了 19 世纪的高速转移，直到 20 世纪转移速度才趋于平稳，完成了城乡二元结构向一元结构的转变，第一产业劳动力就业比重从 1801 年的 35%下降为 1971 年的 2.9%（张雅丽，2009），大量的农村剩余劳动力进入了制造业、采矿业、运输业、商业和家庭服务行业中去，城乡差距基本得以消除。在此过程中，圈地运动引发的农村经济变革促进了农业劳动生产率的提高、农业生产的规模化经营、农业机械化释放了大量的农村剩余劳动力，对农村劳动力转移产生较大的"推力"，而运输业的发展以及城市第二、第三产业创造的大量就业岗位，在政府相关立法与优惠政策的引导下对农村剩余劳动力产生了极大的"拉力"，促进了农村剩余劳动力的顺利转移。

与此同时，政府在不同阶段所采取的政策对农村劳动力转移起到了决定性的作用。圈地运动伊始，政府对圈地所产生的流民实施残酷镇压政策，不仅没有解决农村劳动力转移的问题，反而加深了社会矛盾；到 18 世纪二三十年代，政府转而对失地进城农民采取了救济安抚政策，1846 年颁布的《贫民迁移法（修正案）》消除了对农民自由流动的限制，1865 年英国议会通过的《联盟负担法》扩大了贫民救济的区域，解除了对转移劳动力定居地的限制，并大量向海外殖民地移民；19 世纪末到第一次世界大战结束，教育培训政策的实施使转移劳动力的就业相对容易；而 1905 年颁布的《失业工人法》将转移农村劳动力纳入社会福利体系，随着福利国家建设，城乡一体化的格局渐渐形成。

2）美国。美国是一个人少地多、资源丰富的国家，农村劳动力转移主要表现为非农产业对劳动力的强烈需求。19 世纪 20 年代，美国首先进行第二次工业革命，一方面，农业半机械化、机械化的变革极大地提升了农业劳动生产率，农业现代化的进程加速，使农村劳动力产生相对剩余；另一方面，优先发展消费品工业的战略促进了传统工业、新兴产业、第三产业的发展，这些产业需要大量的产业工人，也及时地吸收了农村产生的剩余劳动力，然而农村优质劳动力向城市转移导致农村地区发展不平稳。从 1950 年开始，美国政府开始关注农村工业的发展。在西进运动中，美国政府借助完善的铁路交通网络以及极其优惠的政策吸引劳动力向西部聚集，1862 年颁布了《宅地法》，为年满 21 岁的劳动力免费赠予宅地；为了提高劳动力素质，大力开展教育培训，1962 年颁布的《人力发展与训练法案》、1964 年颁布的《就业机会法》都为解决农业就业不足以及非农企业发展所需的人才不足等问题。

总体而言，美国的农村劳动力转移是工业化、城市化、非农化同时并举的运动过程，农业劳动生产率的提高释放出农村剩余劳动力，工业化发展提供就业岗位，再加上政府政策的引导，实现了农村劳动力的优化配置，使美国的农业劳动力占比从第二次世界大战前的 22% 降至 1971 年的 3.1%（王亚平，2008），实现了农业现代化、城市化和工业化。

3）日本。日本是一个人多地少、资源匮乏的岛国，1947 年，其农业就业比例达到 54.2%，但到 1998 年降为 5.2%，成功地实现了农村剩余劳动力转移。综观其转移历程，农业机械化水平的提高不仅促使农业规模经营扩大，还极大地降低了对农村劳动力的需求；与此同时，工业化借助第二次科技革命的力量促进了第二、第三产业的迅速发展，特别是第三产业成为吸收农村剩余劳动力的重要渠道，这主要归功于第二次世界大战后中小企业的迅猛发展，吸收了占就业总数 80% 的劳动力。虽然日本农村劳动力转移中兼业农户占大多数，但仍然为工业经济发展发挥了"劳动力蓄水池"作用。而在吸引农村人口流入大城市的同时，合并村镇、建设农村新城市也为农村劳动力的就地转移起到了催化作用。农村人口比重从 1955 年的 43.7% 下降为 1997 年的 9.2%（黄维民等，2003），实现了城乡一体化。

在农村劳动力转移过程中，日本政府的政策起到很好的指导作用：1961 年颁布的《农业基本法》《农业现代化资金筹措法》加速了农业现代化的进程；日本政府对教育及教育培训的重视也提高了农村劳动力的素质；全民皆保的社会保障体系解除了农民的后顾之忧；各级农协的成立以及农业生产形式（农协+基地、龙头企业+基地等）的改变，使农业较好地融入了工业体系，提升了农产品的附加值，进一步增加了农民的收入。

6.1.2　农村劳动力转移的国际经验借鉴

综上所述，发达国家农村劳动力转移对重庆市的启示主要表现在以下几个方面。

1）农业现代化的推进以及农村工业的发展是农村劳动力转移的推力。通过发达国家农村劳动力转移历程可以看出，只有农业技术革命带来的农业劳动生产率提高才能释放出农村劳动力，推动农村劳动力向非农产业转移。而农村工业的发展不仅可以提高农产品的加工率、增加农产品附加值、扩大农产品的收益率、增加农民收入，而且所带来的生产组织方式的改变还会提高农民的组织化程度，增强农民应对市场风险的能力。正如目前重庆市大力提倡的农业产业化经营以及农村合作经济组织的功效一样。

2）城镇第二、第三产业的发展，特别是中小企业的大力发展是农村劳动力转移的重要拉力。重庆目前城乡差距较大，城镇对农民的吸引力本身就比较大，但如果转移劳动力在城镇无法找到就业机会，那么转移就很可能始终处于第一阶段，而土地对农村劳动力的保障功能难以弱化。因此，城镇产业结构的调整，第二、第三产业的发展，尤其是中小企业的大力发展是实现农村劳动力就业与安居的源泉，特别是在当前中小企业发展形势不容乐观的形势下，为中小企业创造宽松的发展环境是非常必要的。

3）政府的政策设计是促进农村劳动力转移的核心。目前城乡二元经济社会结构还远远没有破除，城乡政策的差异导致城乡居民的社会身份的不同，而依附于相关制度的社会福利待遇的不同是阻碍农村劳动力成功转移的关键之一。作为政策设计制定者的政府需要在城乡统筹发展中敢于打破现有制度约束，进行制度创新，提供能够促进农村劳动力转移的政策体系。

4）加强教育培训是促进农村劳动力转移的保障。人是生产要素中最核心、最具创造力的因素，人的素质与技能水平决定了其创造力。尽管重庆实施了极具吸引力的"农转城"政策，但转移的效果仍然不够理想，其原因除了农村土地、宅基地等资源的未来预期价值上涨之外，最大的阻碍就是农村劳动力转移后的生存能力强弱的问题。由于我国教育资源的城乡分配严重失衡，农村人口的受教育年限远低于城镇。农民一旦离开土地之后，未来的生计与发展成为不确定因素，还要面对高昂的城镇生活成本以及生存压力增大的问题，再加上自身就业技能的缺乏，弱化了转移的拉力效应。因此，加强农村教育，包括义务教育、职业教育（最好将义务教育与职业教育二者融合起来）、职业培训教育是增强农村劳动力转移动机的重要路径。

6.2 农村劳动力转移的国内经验借鉴——以成都为例

6.2.1 城乡统筹发展中成都农村劳动力转移的做法

成都是我国中西部最大的都市经济区——成渝经济区的重要中心城市，2003年农业人口 658.08 万人，占总人口的 63%，第一产业从业人员 221.26 万人，占全社会从业人员的 38.7%，人均耕地 0.05 公顷。农民人均纯收入 3655 元，农民人均生活消费支出 2721 元。[①]成都从 2003 年提出并实施经济社会发展一体化的城乡统筹规划，推进农村土地向适度规模经营集中，到 2007 年 6 月 7 日被批准为全国统筹城乡综合配套改革试验区，经过几年的建设，到 2009 年末，农业人口为 510.25 万人，占总人口的 44.8%，第一产业从业人员 161.2 万人，占全社会从业人员的 22.1%；农民人均纯收入达到 7129 元，农民人均生活消费支出达到 5012 元。到 2010 年，三次产业结构比例为 5.1∶44.7∶50.2。[②]在城乡统筹发展过程中，以打造"幸福"的世界现代田园城市为终极目标，以工业向园区集中、耕地向规模经营集中、农民向城镇集中的"三集中"为核心，以市场化为动力，对农村经济社会进行了全面而深刻的改革，逐渐缩小了城乡差距；以产业结构调整为契机，确定了农村资产产权，保障了农民的权益，就地转移了大量的农民，使农民过上了城里人的生活。

1）深化户籍制度改革，农民向城镇集中，实现就地转移就业和社区化生活。2004 年，成都就取消了"农业人口"和"非农业人口"的划分，统一登记为"居民户口"；2008 年，建立了"一房一户，按产权登记"的户籍登记制度，放宽了全域内户口迁移条件；2010 年 11 月出台了《中共成都市委 成都市人民政府关于全域成都城乡统一户籍实现居民自由迁徙的意见》，该意见促进人口向城镇自由流动，实行给一切自愿进城的农民提供与城镇居民平等的就业、社保、住房、低保、生育、教育等八项待遇，保障了居民的自由迁徙权，享有平等的基本公共服务和社会福利。除此以外，成都在推动农民社会身份转变的同时，推动农民向社区集中居

---

① 成都市统计信息网. 2005. 成都市 2003 年年度数据. http://www.cdstats.chengdu.gov.cn/sjck/cdnj/2005_0.htm [2011-07-28].

② 成都市统计信息网. 2010. 成都市统计年鉴 2010. http://m.chdstats.gov.cn/htm/detail_1549.html [2011-12-30].

住，凡成建制的"农转非"且户数在 1000 户以上的，实行村委会转居委会，不足 1000 户的实行社区管理，推动了农民生活方式的转变。为此，成都市政府规划了 600 个农村新型社区，完善配套设施，分层次、有梯度地组织农民向城镇和第二、第三产业转移。2006 年底，近 27 万农民住进了城镇和农村新型社区，并通过"五化"①措施帮助农民向市民转化。2008 年，规范农民集中居住区建设管理标准，新建新居工程和新型社区 553 万平方米，转移农民 3.9 万人，城镇化率提高到 63.5%。

2）推动农村资产资本化，配套相关政策，保障农民的切身利益。为了充分保障进城农民的基本权益，解决人均耕地少、散户经营效益差的问题，成都市本着依法、自愿、有偿的原则，以市场化改革为导向，以"还权赋能""农民自主"为核心，采取转包、租赁、入股等形式，建立起了归属清晰、权责明确、保护严格、流转顺畅的现代农村产权制度。首先，对农村产权进行确权、登记、颁证，使农民进城不以牺牲承包地、宅基地等财产权为代价。目前全市共有 2661 个村，35 857 个集体经济组织，212 万户农户，485 万宗农民承包地、宅基地、房屋等农村产权的确权、登记、颁证工作已基本完成；在集体林权制度改革试点中，确权林地 265.1 万亩②、确权到户 53.1 万户、核发林权证 40.8 万份。其次，在保护耕地的基础上，通过市场机制推动农村产权的流转。成都市创立了耕地保护基金，签订了 12.6 万亩耕地保护合同，累计发放耕保基金 4430 万元；为了提高农村产权的配置效率，搭建起了推动农村产权流转的服务平台，成立了全国首家农村产权交易所，累计流转林地 7500 宗，产权流转 3.4 万宗、交易额达 15.3 亿元。最后，出台相关配套政策，保障进城农民的权益。成都市政府从养老、医疗、就业、工资、住户、培训等方面出台了解除进城农民后顾之忧的配套政策。成都市政府先后出台了《成都市城乡养老保险关系转移接续暂行办法》《关于印发〈四川省流动就业人员基本医疗保障关系转移接续登记管理实施办法（暂行）〉的通知》和《流动就业人员基本医疗保障关系转移接续暂行办法》等文件，以调整综合社会保险政策；又围绕提高工资水平、改善工作环境、解决住房的问题，出台了《关于进一步加强农民工就业工作的若干意见》，该意见明确提出了进一步完善农民工就业体系，搭建区域劳务协作平台，农民工最低工资标准实行两年一调，规划建设农

---

① "五化"措施即"三新"活动经常化、公共服务社区化、信息管理现代化、创业救助长效化、产业发展多样化。

② 1 亩 ≈ 666.67 平方米。

民工公寓等具体措施；大力开展农民工高级职业技能培训，鼓励、引导农民工参加职业技能鉴定，提升农民工就业层次，对农民工职业技能培训实施城乡一体的补贴政策等。

3）农村土地的规模化经营，走农业产业化发展道路。在农民确权的同时，稳步推进土地向规模经营集中，培育龙头企业，发展农村合作经济组织，通过提高农业生产的组织化程度，增强农民抗市场风险的能力。截至 2008 年，产业化龙头企业达 657 家，农业产业化带动面 66.7%，新引进 1000 亩以上土地规模经营项目62 个，新增耕地流转面积 59.3 万亩；2010 年，农民专业合作组织达 325 个，建成现代农业示范园区 133 个、标准化农产品生产示范基地 230 个，新增无公害、绿色和有机农产品认证 161 个，新增国家和省级农产品名牌 44 个。2009 年 9 月，成都市公布了《成都现代农业发展规划（2008—2017 年）》，该发展规划以宜居、休闲为主题，致力于发展"都市型现代农业"，拓展农业功能，2010 年获批全国首批国家现代农业示范区。

4）创新农村金融，为农业产业发展提供可靠的资金保障。农业产业发展了，农村转移劳动力就业的问题就迎刃而解了。成都市政府从创新农业投融资体制入手，于 2007 年正式成立了成都市现代农业发展投资有限公司，极力引导社会资金投资农业。2008 年 3 月又专门成立了农村产权流转担保股份公司，为农村产权的流转提供担保服务，这使农村产权除了以挂牌转让、公开竞价等方式进行流转外，集体建设用地所有权和林权还能通过抵押担保进行融资。2008 年 9 月 12 日彭州民生村镇银行成立，民间资本的进驻为农业产业发展提供了多元化的融资渠道。2009 年 6 月 15 日，国家开发银行和成都市政府达成了合作框架协议，探索银政合作下村镇规划推进的新模式，采用"政府+银行+科研机构"的方式联合开展村镇规划合作，从而更好地推进村镇公共领域建设。这些举措较好地解决了农业发展的资金瓶颈问题。

6.2.2 城乡统筹发展中成都农村劳动力转移的经验借鉴

成都的统筹城乡配套改革是一个综合性的、深刻的转变过程，其联动产业、产权、农民权益，让农村劳动力转移与产业结构调整与公共服务、社会福利的均等化同步起来，既兼顾了城市工业发展的需要，又开拓了农业经济发展的新模式，从而解决了大多数农村劳动力转移的就业问题，使休闲、田园理念得以充分发挥。具体而言，有以下几个方面的经验值得借鉴。

1）城乡统筹发展的理念是先导。农村劳动力转移是城乡统筹发展中的中心环节，人的问题解决好了，其他的问题就迎刃而解了。在农村劳动力转移过程中，农民权益的保障是决定农村劳动力转移成功与否的关键，作为理性的决策人，农民只有在利益不受损的情况下才会考虑转移。成都市政府"六个统一"①的设计理念，是将工业与农业、城镇与农村、农村居民与城镇居民纳入统一范畴，进行均等化的公共投入、公共服务、社会管理，消除城乡二元制度的隔离，消除人口流动的障碍，为农村劳动力转移提供良好的就业与发展环境，实现农村居民与城镇居民的同等待遇。

2）因地制宜的转移方式与产业调整的结合是重要途径。分析成都市城乡统筹发展的举措，通过发展高效特色产业、引进农业产业化项目来吸收农村剩余劳动力，事实证明这是可行的、有效的。而高效特色产业的发展及农业产业化项目运作的前提是土地的适度规模集中。只要在土地集中过程中能保障农民的权益，农业的规模化经营是能够实现的。而正是这种土地的规模调整为成都市的农村劳动力提供了大量的就业机会，为就地转移提供了可能。在产业结构调整过程中，注重引入市场力量，吸引社会资本的参与，加速生产要素城市与农村的双向流动。

3）农村经济的发展与农村金融的配套是农村劳动力转移的就业保障。增加当地的就业机会，促进更多的农村劳动力，特别是四五十岁劳动力的就业是当地经济发展更是农业经济发展的重要任务。围绕农业投资的困境，成都市进行了一系列的制度创新，吸引更多的社会资本进入农村经济体系，让农业融入城市产业体系。而农业产业化项目的引进、农村合作经济组织的发展为农业的健康有序发展提供了强有力的资金技术保障和组织保障，使农业产业的弱质性得到一定程度的改善。当地农村经济的发展对于当地的农村劳动力而言，是一个持久的产业，也是就业保障，不仅可以吸收更多二三十岁的年轻人在本地就业，还可以保证四五十岁的中年人的就地就业。

4）政府的政策创新与引导是核心。面对城乡分隔的二元经济社会体制，成都市政府首先敢于在理念上突破，以"全域成都"为理念，其次从改变城乡外在形态的"三个集中"，到创新城乡关系内在机制的"六个一体化"，最后深入到以农

---

① "六个统一"是指城乡规划一体化、城乡产业布局一体化、城乡就业和社会保障制度一体化、城乡基础设施建设一体化、城乡社会事业发展一体化。

村产权制度为核心的"四大基础工程"[①]，制定了城乡经济社会发展总体规划，全方位构建了以破除城乡二元体制为目标的城乡统筹发展的体制机制，从财产权、迁徙权、农民自治权等方面赋予农民更多的选择，从产业、市场、基础设施到公共服务、社会管理等方面，都体现了人人平等的原则，对进城人员的发展给予了真切的关注。相关政策的创新触及了问题的核心，极大地释放了"三农"的发展潜力。

---

① "四大基础工程"是指调整完善生产关系、农村产权制度改革、新型村级治理机制、农村土地综合治理。

第 7 章
城乡统筹发展背景下重庆市农村劳动力
有效转移的长效机制设计

　　城乡统筹发展对重庆市农村劳动力转移的最大要求就是能够让农村转移劳动力及其家属与城镇居民及其家属享受同等的权利、均等化的公共服务以及同质化的生活条件，共享经济社会改革与发展的成果。按照重庆市城乡统筹发展目标，到 2020 年，形成城乡统筹发展的制度体系，各项改革全面深化，在西部地区率先实现全面建设小康社会的目标，人均 GDP 超过全国水平；城乡居民收入达到全国平均水平，基本公共服务能力高于全国平均水平，单位 GDP 能耗显著下降，森林覆盖率达到 45%。2015 年，重庆市人均 GDP 为 52 321 元，超过了全国平均水平 49 229 元，提前完成目标；重庆城乡居民可支配收入为 20 110 元，低于全国的平均水平 31 195 元；森林覆盖率达到 45.4%，提前完成目标。要增加农民收入，需要进一步转移农民。而农村剩余劳动力要顺利完成从农民到农民工、从农民工到市民两个阶段的转移，农民的转移动机需要激励，政府的作用需要加强，制度的约束需要解除，市场对生产要素的配置作用要强化，政府、农民、市场应该构成促进农村劳动力转移的"三角形"，其重点在于构建以政府制度创新为核心的长效机制来促进并保证转移的速度、质量与水平。

　　重庆市国民经济与社会发展第十三个五年计划提出，到 2020 年全市户籍人口城镇化率要从 2015 年的 44.56% 增加到 50%。要达到这个目标，重庆市必须在现有户籍制度改革成果的基础上进一步通过制度创新推进户籍制度改革，从而加快重庆市农村剩余劳动力转户。自 2010 年 7 月 29 日重庆市启动户籍制度改革以来，截止到 2016 年 6 月 13 日，户籍人口城镇化率由 2010 年的 29% 上升到 47.6%，常住人口城镇化率从 2010 年的 51.6%上升到 60.9%①，极大地改善了劳动力人口的分布现状，也为重庆市新型城镇化与新型工业化发展提供了新的动力，从而加快了城乡经济社会统筹的进程。但是应该看到目前重庆市农村劳动力转移出现了一些新情况，越来越多的农民转户但不弃土，或者拒绝转户。其原因在于过高的进城生活成本、就业难等顾虑，以及政府对农村优惠政策的增加，农村户口和农村土地的价值日益显现。

在"广覆盖、低水平"的农村社会保障制度逐渐完善的情况下，重庆市创新设立的农村土地交易所制度，以地票交易形式进行的农村土地流转实现了农村土地的部分收益，但农村土地的财产价值远远没有充分地实现。面对城镇建设用地紧张的困境，统筹、盘活农村土地资源成了继户籍制度改革后的又一个改革重点。2014 年 12 月 31 日，中共中央办公厅和国务院办公厅联合印发了《关于农村土地征收、集体经营性建设用地入市、宅基地制度改革试点工作的意见》，该意见指出在全国选取 30 个左右县（市）行政区域进行试点；2015 年中共中央办公厅、国务院办公厅印发的《深化农村改革综合性实施方案》明确提出，深化农村土地制度改革，启动农村土地征收、集体经营性建设用地入市、宅基地制度改革三项（简称为农村三项改革）试点；2017 年国务院批转国家发展和改革委员会出台的《关于 2017 年深化经济体制改革重点工作的意见》，该意见明确提出统筹推进农村土地制度改革三项试点，形成可推广的改革成果。在这种新形势下，农村劳动力转移是否会因为农村土地三项改革而加快，到目前来说仍是一个未知数。不过可以肯定的是，提升农村物质资产的价值，提高农村劳动力转移进城的启动资本水平是可以促进其加速转移的。但是，如何在保障农村劳动力权益的前提下，形成有效的动力机制仍然是一个需要从理论及实践层面去探讨解决的问题。本章尝试根据产权制度理论，在现有政策框架下，构建有利于农村劳动力转移的动力机制，以找出促进重庆市农村劳动力有效转移的路径。

7.1 农村劳动力转移影响因素的理论模型：
一个制度拓展

新制度经济学在反思与批判新古典经济学理论的基础上，"重新发现"了制度

---

① 崔佳，刘政宁. 2016. 重庆户籍制度改革：436 万人从农民变成市民. http://cq.cqnews.net/html/2016-06/13/content_37190200.htm[2016-09-10].

分析方法在解释现实经济现象中的作用，该方法尤其适用于像中国这样的转型国家。本节试图在对农村劳动力转移影响因素分析的理论模型基础上，运用新制度经济学的分析范式进一步阐释农村劳动力转移受阻的制度根源，以揭示促进农村劳动力持续与稳定转移的制度逻辑。

7.1.1　权利制度与农村劳动力转移

新制度经济学的主要代表人物道格拉斯·C. 诺思认为，制度是为约束在谋求财富或效用最大化中的个人行为而制定的一组规章、守法程序和伦理道德行为准则。[①]显然，制度就是与行为主体联系在一起的，约束或规范行为主体间权责利关系的正式和非正式的规则体系。也就是说，理性的个体总是在一定制度框架的约束和诱导下做出某种行为，从这个角度来看，新制度经济学便为解释个体的行为提供了重要的制度逻辑。那么，作为理性的农村劳动力，其转移行为也必然被嵌入各种约束其行为选择或取向的制度环境中。这就意味着，揭示影响农村劳动力转移行为的深层因素，应从现行制度安排集合中寻找根源。

基于城乡统筹试验区重庆市的实证检验结果表明，农村劳动力转移确实受转移成本、非农收入效用和市场需求等诸多因素的影响。实际上，如果契合到中国的经济政治体制背景，上述表层因素都不同程度地受到深层制度的影响或制约。从农村劳动力转移的非农成本来看，该成本包括信息搜寻成本、迁移成本、人力资本投资成本、生活成本以及文化心理成本等。如果引入制度因素，这些成本又可以进一步细分为制度成本（信息搜寻成本和文化心理成本）与非制度成本（迁移成本、人力资本投资成本和生活成本）。需要说明的是，这里的制度成本是指广义上的交易成本。根据张五常的理解，交易成本可以界定为所有在鲁滨逊·克鲁索经济中不存在的成本，交易成本实际上也可称为制度成本（张五常，2000）。从这个角度看，农村劳动力搜集非农产业部门就业的相关信息所支出的信息成本和缘于各种心理压力（离开家乡、亲人产生的思乡情绪以及处于陌生环境所存在的文化、观念和心理等障碍）所产生的心理成本都属于交易成本的范畴，因此本章将这两类成本归入制度成本。一直以来，制度成本是阻碍我国农村劳动力转移的主要因素。首先，当制度成本较大时，即使非农

---

① Douglass C. 1981. North. Structure and Change in Economic History. New York: Norton & Company, lnc, : 201-202.

产业和城市存在潜在的高额外部利润或非农收入效用，农村劳动力转移也很难进行。如在计划经济时期，国家便通过城乡隔离的户籍制度[①]以及与此相伴的各种排他性的就业制度、社会保障制度和福利制度等制度安排剥夺了农村劳动力自由流动的权利，明显提高了农村劳动力转移的制度成本，使得农村劳动力只能放弃转移的行为，进而固化在土地上从事农业生产。其次，制度是根源性因素，非制度成本也常常受到制度成本的间接影响。如果制度设计不合理，农村劳动力转移的人力资本投资成本、迁移成本和生活成本等将会大大增加。[②]最后，制度成本是外生变量，农村劳动力自身无法控制和选择，也无法通过自身努力将其降低。从农村劳动力转移的非农收入效用来看，制度决定了农村转移劳动力获得非农收入效用的水平。同时农村劳动力的产权界定模糊、产权保护意识薄弱都将减少其非农产业收入，此外农村劳动力就业选择权的大小将影响其就业范围，进而影响其非农产业收入的高低。除了影响农村劳动力转移的非农成本和非农收入效用外，制度还影响了城市劳动力市场对农村劳动力的需求量，进而影响其在城市和非农产业的就业概率。总的来说，通过引入制度因素将丰富和拓展农村劳动力转移机理的理论模型，增强该模型对中国特别是城乡统筹试验区的重庆市农村劳动力转移行为的解释力。从制度拓展的理论模型中不难看出，要促进农村劳动力的持续和顺利转移，必须不断通过制度创新，降低农村劳动力转移的制度成本，增加农村劳动力转移后的非农收入效用以及提高农村劳动力的就业概率。

尽管制度创新是促进农村劳动力转移的关键措施之一，但问题是，制度的范畴非常宽泛，我们不可能对所有的制度加以变革，而应把创新的焦点或核心内容集中于权利制度层面上。根据制度的定义，权利制度是指规范权利主体[③]间权责利关系的正式和非正式的契约。需要说明的是，这里的权利指的是人的各种权利，包括产权、自由选择权以及平等公民权三个部分，并且该权利与责任是相对称的。由权利制度的内涵可以看出，权利制度显然是制度的核心，也必然是为促进农村

---

① 1958 年，全国人民代表大会常务委员会通过了《中华人民共和国户口登记条例》，确立在全国实行户籍管理制度，从此形成了几乎延续至今、阻碍农村劳动力城乡流动的制度框架。

② 比如，如果城乡居民拥有不平等的受教育权利和福利保障权益，农村劳动力的人力资本投资成本和生活成本就会显著增加，反之，这些成本则可以相对减少。

③ 权利主体指的是权利的所有者或只有某项权利的人或者组织，一般来说，权利主体可以表现为公民、法人和国家，本书研究的权利主体主要指农村劳动力。

劳动力转移而进行制度创新的核心。从本质上来说，创新权利制度就是规范农村劳动力与相关行为主体（包括竞争者、迁出地居民和政府、企业、迁入地居民和政府以及中央政府等）的权责利关系，协调权利主体间的矛盾和冲突，减少权利主体间的摩擦成本或交易成本，培育和创造有助于农村劳动力转移的制度环境。更进一步地，我们需要关注的是权利制度究竟包括哪些内容，这又会涉及权利的分类问题。法学家 Stoljar（1984）从广义上将权利划分为道德权利和法律权利两大类。而美国法学家雅诺斯基（2000）将公民权利进一步划分为法律权利、政治权利、社会权利、参与权利四类。受法学家对权利分类的启发，同时借鉴李佐军（2003）的分类方法，本章从经济学角度把权利分为产权和非产权两个方面。产权包括物质资本产权和人力资本产权，每一种产权又是一组权利束，主要包括所有权、使用权、收益权和转让权。非产权包括自由经营权、自由迁移权、自由就业权、自由投资权以及平等公民权。从这个角度看，影响我国农村劳动力转移的产权制度主要是土地制度等，而非产权制度主要是户籍制度、劳动就业制度、创业投资制度、社会保障制度、教育制度等。下文将对产权制度和非产权制度对农村劳动力转移的影响机制作进一步的分析。

7.1.2 产权制度与农村劳动力转移

产权制度是与产权关系最为密切的制度。对于产权的定义，绝大多数产权经济学家认为产权是一种权利。德姆塞茨在其经典论文《关于产权的理论》中指出，"产权的所有者拥有他的同事同意他以特定的方式行事的权利"，并且"产权包括了一个人或其他人受益或受损的权利"（R. 科斯等，1991）。阿尔钦则把产权视为人们在资源稀缺条件下使用资源的某种权利和规则，即产权是"一个社会所强制实施的选择一种经济品使用的权利"。需要说明的是，产权不仅是一种权利，还是一组权利束，可以进一步分解为多种权利，这些权利的排列与组合也决定了产权的性质和结构。[①]对此，张五常对私有产权的结构进行了划分，认为"产权就是一组包括使用权、收入权和转让权的权利束，并且具有可分割的属性"（张五常，2000）。对于产权的功能，德姆塞茨认为，产权是一种社会工具，其重要功能就在于"产权帮助人形成那些当他与他人打交道时能够合理持有的预期"（德姆塞茨，

---

① 值得注意的是，这里是从经济学意义上分析产权，它不是指一般的物质实体，而是指由于人们对物的使用所引起的相互认可的行为关系。

1999）。不仅如此，产权还具有引导行为主体实现将外部性内部化的激励（R. 科斯等，1991）。从产权的定义与功能可以看出，产权制度就是界定和保护财产的所有权、使用权、转让权和收益权的正式和非正式的规则体系，它是制度集合中最重要和最基本的制度。正如诺斯在《财产权利与制度变迁》中指出的："理解制度结构的两个主要基石是国家理论和产权理论"。鉴于中国的实际情况，涉及农村劳动力转移的产权制度主要有土地产权制度、农产品财产制度、房屋财产制度以及人力资本产权制度等。这里主要分析土地产权制度和人力资本产权制度对农村劳动力转移的影响。土地产权包括承包地、自留地、林地、宅基地及其上的房屋的所有权、使用权与收益权等。人力资本产权包括人力资本的所有权及其派生的使用权、处置权和收益权等，人力资本是劳动者通过成长、教育、培训后所具有的智力、知识、经验、技能和健康状况等无形资源，人力资本拥有者在使用这些资源时能够获得相应的收益。

改革开放以来，尽管农村以家庭联产承包责任制为核心的土地产权制度改革极大地释放了农民生产的积极性，促进了农村经济的发展，并为中国的工业化奠定了坚实的基础，但随着中国市场经济体制的改革与完善，土地产权制度存在的产权界定不清晰、权能边界模糊以及产权保护不力等问题日益凸显。具体来说，目前农村土地产权制度的所有权主体是多元的，无论是乡（镇）、村还是村内集体经济组织，我国宪法并未对此做出明确的界定，这必然会导致土地所有权主体的虚置，使得土地产权制度缺乏促进土地资源高效利用的内在激励机制。此外，我国的土地产权制度实行的是所有权和使用权彼此分离的多元产权结构，但权能边界是模糊的，土地所有者和经营者之间的权利与义务关系并不规范，而且两者的结合主要通过行政手段而非市场机制，这将使农村土地的使用权和收益权得不到有力的保障，社区经济组织或地方政府常以各种名义干扰或侵犯农村劳动力的土地产权。从农村劳动力的人力资本产权来看，该产权经常被过长的工作时间、恶劣的工作条件、过低的工资待遇以及工资的拖欠等方式侵犯，使得城市和农村的劳动者受到不平等的用工待遇，农村转移劳动力的合法权益也得不到有效的维护。在农村劳动力的土地产权和人力资本产权界定不清、保护不力的情况下，农村劳动力转移后获取的非农收入将减少，心理成本等制度成本以及转移的机会成本将增加，而就业概率也会随人力资本投资的减少而降低，这些因素的共同作用将阻碍农村劳动力的转移。

7.1.3　非产权制度与农村劳动力转移

从权利内容上看，户籍制度、劳动就业制度、教育制度以及社会保障制度等非产权制度都涉及农村劳动力的平等公民权和自由择业权，从而影响农村劳动力的转移行为。与农村劳动力的土地产权和人力资本产权一样，上述权利并未得到清晰的界定和有力的保护。比如，严格的户籍制度长期以来把农村劳动力排挤在城市的边缘，即使在城市就业的农村劳动力，依然无法摆脱自己世袭下来的农民身份，在子女教育、购房、养老、劳保以及医疗等方面享受着与城市人不平等的福利保障权利；现行的劳动就业制度并没有赋予农村劳动力自由的择业权，使农村劳动力很难进入电信、电力、金融、邮政等垄断性较强且收入较高的企业；加之现行的教育制度将更多的教育资源配置在了城市，导致农村劳动力不能与城市劳动力享受同等的受教育机会或权利，两者的人力资本禀赋差异由此逐渐拉大。

在农村劳动力的平等公民权和自由择业权界定不清晰、产权保护不力的情况下，非产权制度对农村劳动力转移的作用机制或影响途径表现为：①大大缩减农村劳动力非农就业的选择范围，降低农村劳动力预期的非农收入水平；②增加农村劳动力在转移过程中的各种交易成本，阻碍农村劳动力的顺利转移；③增加农村劳动力的人力资本投资成本和创业投资成本等非制度成本，降低农村劳动力的就业概率。总的来说，当现行的非产权制度没有更加有效地保护农村劳动力的自由选择权和平等的公民权时，农村劳动力转移获取的预期非农收入效用将减少，转移成本将增加，转移就业概率将降低，从而阻碍农村劳动力的持续且稳定转移，进而延缓城乡经济社会一体化的进程。

7.2　城乡统筹发展背景下重庆市农村劳动力转移的长效机制设计

要实现农村劳动力持续、稳定的转移，不仅需要农村劳动力能够转移出去，更需要转移出去的农村劳动力能够在城镇稳定下来，适应城市生活，成为真正的市民。也就是说，农村劳动力要顺利完成从农民到农民工、从农民工到市民两个阶段的转移，并在城镇定居下来，与城镇居民享受同等的权利与待遇，这样转移才会有意义。因此，要想使农民能够真正转化为市民，农民的转移动机需要激励，政府的作用需要加强，制度的约束需要解除，市场对生产要素的配置作用要强化，政府、农民、市场应该构成促进农村劳动力转移的"三角形"，其重点在于构建以政府制度创新为核心的长效机制来促进并保证转移的速度、质量与水平。

7.2.1 设计原则

重庆市 1%人口抽样调查数据显示，2015 年全市外出人口与上年相比减少了 0.26 万人[①]，近十年来首次出现负增长，这也说明农村可转移劳动力的存量在减少。与此同时，重庆市政府通过户籍制度改革"十年一千万"的农村劳动力转移目标还未实现，工业化、城镇化进程仍然在推进。通过转移合理配置农村劳动力资源需要进一步深化户籍制度和农村土地等一系列相关改革，重点应从农村土地产权制度和农村人力资本产权制度创新方面着手进行。近几年经过试点推行的农村土地所有权、承包权、经营权分置改革（简称农村土地三权分置改革）和农村土地征收、集体经营性建设用地入市等政策以及宅基地制度改革试点也试图盘活农村土地资源，这些都有利于进一步优化配置农村劳动力资源，统筹城乡发展。虽然中央政府已经开始进行农村土地制度的顶层设计，但改革的进程将是漫长的，而不是一蹴而就的，需要充分发挥市场在农村生产要素配置中的主要作用，规范、约束相关利益各方——政府、农村劳动力、企业的行为，有智慧地去重塑城乡关系，在此过程中应遵循以下原则。

1）人、物分开原则。为了切实保障农村劳动力转户进城的利益，在农村土地三权分置于农村土地制度三项改革过程中，一定要把握农村土地产权实现这一关键点，通过制度设计与市场机制的引入，让农村土地具有像城市资产那样的价值流动与上升的空间；在不改变农村土地集体所有的前提条件下，"实化"农村土地的使用权、收益权，借鉴城市土地制度改革的经验，调整相关法律制度。同时，把土地的流转与人的转移制度区别开来，尽量避免相关关联与交叉，以居民身份证为核心，还原户籍本身的人口管理功能。这样即使农村劳动力转户进城，其农村土地产权仍然能够在法律规定的时间内实现价值的转化，而与农村土地相关的优惠政策直接与物和物的使用权人关联，不与户籍挂钩。

---

① 重庆市统计局. 2016. 2015 年重庆市 1%人口抽样调查数据公报. http://www.cqtj.gov.cn/tjsj/sjzl/tjgb/201601/t20160128_423836.htm [2016-10-15].

2）依法原则。农村土地及其上的附属物是农民最后的经济保障，是农民转移进城后最后一个可以变现的"财产"，也是他们进城后融入城市生活的启动资本。虽然农村土地属于农村集体所有，但土地的承包权、经营权、使用权、收益权已经是明确属于农民的。在现有的土地制度框架下，找到统筹城乡土地、增加农村土地价值的实践是一个对现有制度进行局部调整的过程，这直接关系到农民的切身权益。在地方政府处置农村土地的过程中一定要强调依法行政，而不能仅仅依靠一纸文件行事。按照目前已经出现的有些地方政府处理农村"空心户"的事件，以及农村土地流转案例来看，农民的权益一如既往地遭到不同程度的忽视。因此，法律对地方政府在处置农村土地及其上附属物的过程中规范其管理行为至关重要，不能用地方政策规定来取代法律法规，侵害农民权益，这是推进农村劳动力转移进城的重要保证。

3）规范、可持续性原则。重庆要进一步提高户籍人口城镇化率，推动新型城镇化发展，就必须要使现存的农村劳动力中的一部分通过转户进城，成为真正意义上的城镇居民。为此，统筹城乡资源不能以牺牲农民利益为前提，要实现农村经济社会的可持续发展。因此，在处置农村物质资产产权的过程中一定要遵循规范、可持续性原则。规范意味着地方各级政府的管理行为要做到相关政策的公开、办理程序的公开、待遇给付的公平，在一个有理有据的氛围内解决相关的利益纠纷，给农民充分的选择权。可持续性则意味着要通过一系列的制度设计提升农村物质资产的市场价值，在保持耕地红线的基础上，实现农村土地的多元化增值。唯有如此，农村剩余劳动力才有足够的资本面对城镇生活，而不会沦为城市新生贫困人口。

7.2.2　设计思路

农村劳动力转移的过程是农村土地产权和农民人力资本产权价值实现的过程。农民作为理性的"经济人"，往往要权衡转移所带来的收益与成本。在此利益重新分配的过程中，政府、市场、农民扮演着不同的角色，发挥着不同的作用；但是，要真正有效配置农村土地与人力资源，则需要在保护农民权益的基础上，形成政府、市场与农民三方合力的机制，如图 7-1 所示，进而促进农村劳动力持续稳定地转移。

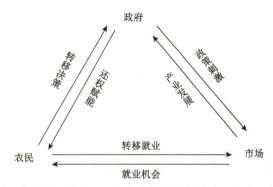

图 7-1 城乡统筹发展背景下重庆市农村劳动力转移的长效机制设计思路

1. 依靠政府提供良好的政策环境，加强监管与服务

户籍制度改革至今，有条件转移的农村劳动力已经从身份上成了城镇居民，但仍然有相当一部分农村劳动力选择"兼业型"转移，究其原因在于缺乏足够的经济实力和能力适应城市生活。一方面在于农村土地产权无法通过市场交易得到较高的价值体现而为转户农民提供一笔足够的启动资金；另一方面在于大部分农村劳动力由于年龄、学历、能力等原因，无法在城镇激烈的就业竞争中获得稳定的工作与收入，尤其是四五十岁的农村劳动力。要促进其就业就必须加强对农村劳动力自身素质与就业技能的提升培训，因此政府的工作重心就要从这两个方面的政策与实践着手。

首先，政府作为制度的主要提供者、制度创新的主导者，应当打破原有的"以城市为中心"的政策制定惯性和"城市包围农村"的利益获取局面，秉持公开、公平、公正、以工补农与可持续发展的管理理念，以保障农民权益为重点，进一步发挥市场在农村物质资产配置中的决定性作用；规范各级政府及村委会的相关管理行为，信息公开，因地制宜，不能采取简单粗暴的"一刀切"式管理行为，损害农民利益。其次，结合农村土地三权分置实践的展开，发挥农民的利益主体作用，引导企业及社会公众等市场主体参与到农村资源的再配置过程中，并引导各参与方积极创业，结合城市与农村资源，在把城市产业引入农村的同时，开发有效的农业产业化经营项目，比如乡村旅游、农业种植体验项目、乡村养老等，通过多种途径发展农村经济，同时规范企业与个人的行为，尽量实现共赢。再次，规范农村土地制度三项改革中的实践行为，建立有效的农民利益保护机制。从农村土地登记确权、流转、变现各个环节设立详细的操作规范，规定相关各方的权利与义务关系，并尽可能做到信息充分，让农村劳动力能够明明白白地了解各项决策的成本与收益，做出理性选择。建立农村土地纠纷仲裁机构，加大信息公开的力度，协调土地流转等农村资产处置中的矛盾，并对此过程中的违规行为进行监督和处置。最后，继续推进农村劳动力的技能培训，采用第三方评估，规范培训机构的培训行为，提高培训资金的使用效率，引导培训机构加强对市场用工需求的把握，设置市场需求导向的培训课程，或者直接与企业签订用工培训合同，提升转户居民的就业技能；引导农业技术推广站等农业服务机构加大先进农业种植技术与机器的普及力度，通过农村书屋、农村志愿者等形式提升农民的农业生产技能。

2. 依靠市场提高农村资源的效率，提升农村土地产权价值

重庆农村劳动力转移的实践表明，农村土地相关权与人力资本产权的实现程度及其价值额的大小直接影响农村劳动力的转移决定。要想促进农村劳动力转移力度，必须提升农村资源的市场价值，而这不仅要靠制度，更要靠市场，尤其是需要通过市场交易才能实现增值部分的农村资源。在旧的制度没有被彻底打破，新的制度尚未形成完善的试点时期，从理念上认同市场机制的作用是非常有必要的。从地区经济发展的角度看，农村劳动力转户进城对城镇居民收入产生的正向影响程度严重依赖于市场化的进程（沈坤荣，2011），重庆市要想从户籍制度的深入改革中获得更多的红利，就需要进一步促进市场的开放、社会的公平，才能让利益各方得到切实的收益。

从市场角度看，首先需要各市场主体在重庆农村土地地票制度进一步完善的政策背景下，积极参与农村资源统筹进程，以农村土地使用权转包、转让、租赁、入股等流转方式参与农村经济社会发展，同时把更多的土地增益返还给农民。其次，利用好涉农优惠政策，围绕农村物质资产处置设立类似于"土地流转委托中心""土地信托银行"等市场化运作的多种组织形式为农民提供市场化服务。最后，发挥企业家等市场主体的主观能动性，为制度创新献计献策，壮大企业实力，为社会创造更多的就业岗位，承担更多的企业社会责任，自觉保障所聘用农民工的合法权益。

3. 提高农村剩余劳动力人力资本产权的回报水平，提升其话语权

人力资本产权的回报水平是农村劳动力转户进城能否实现就业的决定性因素。姚先国、赖普清（2004）的实证研究认为人力资本水平差异和就业企业的差异解释了城乡两类工人劳资关系差异的70%～80%（姚先国，2004），说明人力资本水平和企业状况是影响城乡两类员工待遇差异的主要因素。也就是说，农村劳动力的人力资本水平决定了其人力资本产权的回报水平。在农村土地三权分置改革及农村土地制度三项改革试点的实践中，由于经济利益的驱使，市场主体甚至一些地方政府侵犯农村土地相关产权收益的动机是一直存在的。因此，为了避免这一现象的发生，提升农村劳动力的人力资本水平，拓宽其争权赋能的渠道是非常有必要的。

为此，首先，要提高农村义务教育质量。继续加大对农村义务教育的投入，建设标准化农村学校；调整农村中小学的布局，减少农村中小学生的寄宿数量，发挥家庭教育在人力资本培养中不可替代的作用；继续推进城镇与农村中小学教师轮岗制度，扩大轮岗数量，通过差别工资引导优秀教师到农村任教；加大对农村贫困学生的资助力度，在政府财力许可时，尽早实行高中免费教育制度；提高农村学生进入大学和职业院校的比例，加快农民工子女城市入学与异地高考的制度建设进程；打破地方保护主义，缩小高考分数的地区差异，统一实行按考生数量确定高校录取比例的高考制度，让更多农村孩子有更平等的求学机会。其次，加大农村职业培训力度。构建多层次的农村职业教育体系，对于义务教育阶段的农村孩子增加学历教育以外的农村生产技能方面的学习内容，为培养未来的现代职业农民做准备；设立分别针对农村初中毕业生、高中毕业生的职业教育体系，内容包括农业技能和城市就业技能。最后，拓宽农村劳动力争权赋能的渠道，提升自身的话语权。争权是指在现有政治制度下，通过各种制度渠道，提高政治参与，注重参加各种形式的政治学习与实践，理性地选择能真正代表农民利益的代表进入各级政府决策议程，通过合法渠道来争取自身利益的实现。虽然目前各地农村的农业产业化组织与农村合作社的发展为农民的组织化程度的提高奠定了基础，但尚需在政治权利获取方面更多为农民做主。而赋能是指在现有的政策安排下，农村劳动力要充分利用现有的公共信息发布平台，积极参与政府及相关社会组织举办的各类职业培训，通过自主性学习，提升自己的技能，不仅能当好一个产业工人，也能当好一个现代农民。

从某种意义上讲，目前重庆市农村劳动力转移的焦点已经由过去农民对随着转户而来的城市福利的获取，逐渐转移到农村土地相关产权与人力资本产权的实现方式与实现程度上。农村资源不能迅速地盘活，在某种程度上既是农民作为"经济人"的理性选择的结果，也是相关政策制定的偏颇导致的。未来的政策调整应该坚持以农民利益为核心，以城乡经济资源的平等获利为出发点；摈弃现有制度中的不合理部分，真正把农村劳动力作为人力资源来看待，想其所想，为其服务；

政策的着力点不应该只在农民及其农村土地上，政府管理理念与管理方式的创新才能真正激发政策的活力，实质性地推动户籍制度改革的进一步发展，实现城乡经济资源的统筹。

7.3　重庆市农村劳动力转移的案例分析：以江北区双溪村为例

双溪村位于重庆市江北区铁山坪西北的山脚下，鱼嘴镇西北角，距渝长高速公路鱼嘴出口 2.8 公里[①]。双溪村土地面积 3.31 平方公里，辖 16 个合作社，有 572 户，1782 人，劳动力 946 人。双溪村在 2003 年以前还是一个"无支柱产业、无畅通公路、无村级办公场所、无自来水、无集体收入"的"五无村"，主要经济来源靠外出务工，年人均收入仅为 3318 元。 2005 年 12 月双溪村被江北区委区政府确定为新农村建设的示范村，2006 年被重庆市确定为"千百工程"新农村建设百个示范村之一，2007 年重庆市被确定为全国城乡统筹综合配套改革试验区以后，又成了重庆市市区共建新农村的第一个"农民转市民"试点项目，这给村里的发展带来了翻天覆地的变化。

从 2005 年发展至今，全村奶牛饲养规模达到 6000 头，种植牧草 1500 亩，仅此一项可带动全村 200 户农民年人均收入超过 1 万元。已建和在建 10 万吨[②]优质乳品加工厂、牧草科技园、光大葡萄园、远辉苗木园等项目，休闲观光旅游和现代都市农业正在逐步形成。2009 年，村民人均收入已经突破 8800 多元，比重庆市平均水平高出 3800 元。总结其成功的经验在于以下几个方面。

1）政府制定政策，加大扶持力度。双溪村于 2005 年、2007 年，被确定为新农村建设示范村和"农民转市民"试点村分别给村里的发展带来重大机遇。为此，各级政府部门投入 2500 多万元，解决了资金瓶颈问题。在"农民转市民"的过程中，以户籍制度改革为突破口，根据江北区政府制定的"自愿两放弃一退出"政策，针对村里有固定非农工作、有稳定收入来源的农村居民，凡自愿申请放弃宅基地使用权和土地承包经营权，退出集体经济组织的农民，按程序转变为城镇居民，并得到土地附着物、房屋构筑物补偿费、一次性就业补助费、搬家奖励费等

---

① 1 公里=1000 米。

② 1 吨=1000 千克。

相应经济补偿；同时在城镇户口登记、安排就业、子女教育、购房等方面都提供了相应的优惠政策。农民在交出土地使用权后，每年可获得每亩 500 公斤[①]黄谷的保底租金，并参与集体经济组织的年终分红。这一政策充分保证了农民的利益，全村有 239 户 800 多位农民先后提交了"转市民"申请。

2）以村庄建设发展规划、产业规划为先导。邀请国内某著名策划机构对双溪村新农村建设进行战略定位和深度策划，编制了以"田园牧歌"为主题，定位于发展休闲观光体验式现代都市农业的规划。吸引社会力量，大力发展以奶牛养殖和水果、花卉、特色蔬菜的两大环保产业为主的特色产业。相继引进了重庆市金宏畜牧发展有限公司、重庆光大畜牧发展公司，大力发展以奶牛养殖为重点的白色产业，建设了具有迪士尼风格的奶牛科普观光园和西部奶牛博物馆，以发展旅游。

3）创新组织形式，增强集体经济活力。双溪村采用村委会+公司经营模式，组建了以村为单位、以村民个体的土地经营权入股的重庆双溪新农村建设有限公司，对村里的 4300 多亩土地统一实施招商经营，截止到 2009 年已与 5 家社会业主签订了土地承租合同，涉及土地面积近 2000 亩。通过公司化运作，以独立的市场主体身份参与市场竞争，不仅可以集中资源优势，更能吸收先进的管理理念，用于发展村集体经济。

4）完善公共服务，进一步改善民生。双溪村突破城乡二元经济社会结构，促进城乡社会管理和公共服务一体化。2005~2009 年，全村 5 年来新修村道 8.5 公里，人行水泥路 35 公里，高位水池 210 立方米，公共服务中心 740 平方米；村民新型合作医疗参保率达到 100%；低保户、五保户全部应保尽保。

5）注重教育培训。双溪村于 2005 年 6 月建立农村现代远程教育终点站，为群众搭建了一个很好的学习平台，开展了各种形式的教育培训工作，不断提高群众的综合素质和劳动技能，2010 年双溪村 946 个劳动力全部就业。

从双溪村由穷变富例子中，我们可以看出，政府从农民权益保护出发设计政策，保障了农民的权利与利益，而完善的社会保障又解除了农村劳动力转移的后顾之忧；村委会统筹管理全村土地，实现了土地的规模化经营；而市场主体的参与增强了双溪村的产业实力，为转移劳动力提供了更多的就业岗位；农民在权衡成本收益后理性进行决策，并利用现代远程教育系统提升技能，就业能力也得到

---

① 1 公斤=1 千克。

增强。在政府、重庆双溪新农村建设有限公司、农民的共同努力下，双溪村的发展日新月异。

　　农村劳动力不仅需要从农村转移出来，还需要能够安定生活在城镇。持续、有效、稳定的转移要求要将农民彻底转化为安居乐业的城镇市民，这既是居住地、工作地的转变，更是社会身份的转变。虽然双溪村处于江北区城郊，有吸引生产要素之便利，其变化有天时、地利、人和之综合，而对地处偏远地区的农村，其吸引社会资本的能力会大受影响。但是，不管地理位置有何差异，只要有利好的政策、有发展潜力的规划、有足够的高素质人才，双溪村的成功是可以拷贝的。其中的关键在于政策，必须要有一套有效的政策才能促进农村劳动力的持续、稳定转移。至于用什么样的政策框架来保证这一长效转移机制能够发挥作用，具体从哪些方面进行制度创新，将在第 8 章论及。

城乡统筹发展背景下重庆市农村劳动力转移的
促进：基于政府主导的多元政策协同

设计合理的制度将是促进重庆市农村劳动力转移的关键因素，而政府是制度的供给者，那么政府应该在农村劳动力转移过程中发挥主导作用。值得一提的是，农村劳动力在产业间和区域间的转移并不是一时的冲动，而是为了实现自身效用或收益最大化而进行理性决策的结果，因此制度的设计应该激发农村劳动力转移的内在动机。王永钦等（2007）认为，对经济转型而言，最重要的可能不是"做对价格"（getting prices right）而是"做对激励"（getting incentives right），因为激励机制永远是经济发展中最深刻的主题，价格机制只是激励机制的一种方式。合适的激励会对人们的行为产生积极的影响，尤其是制度创新所产生的激励更能深刻地改变人们的思想和行为。对农村劳动力而言，与其留在农村被贫困困扰，还不如走向城市寻求更多的发展机会。重庆市 2010 年以来的户籍制度改革成效就是最好的证明。但是，截止到 2015 年，重庆市农村人口仍然高达1178.14 万人，因此，如何做对有利于农村劳动力进一步转移的制度"激励"至关重要。

8.1 重庆农村劳动力转移促进的制度体系构建：
界定政府角色

前文各章的分析表明，设计合理的制度将是促进农村劳动力转移的关键因素之一。值得一提的是，农村劳动力在产业间和区域间的转移并不是一时的冲动，而是为了实现自身效用或收益最大化而进行理性决策的结果，因此制度的设计应该激发农村劳动力转移的内在动机。对农村劳动力而言，获得更高的收入、更好的生活居住条件、更好的子女教育环境等是促进其转移的重要动力。因此，通过以现行户籍制度为核心的相关制度的变革与创新，增强城镇的吸引力，给农村劳动力以更多的发展机会与身份认同，才能更有效地增强他们的转移动机。

新制度经济学认为，制度创新是制度的替代、转换与交易过程，也是制度创新主体为获得潜在利润而进行的制度安排。这种安排有的来自"个人安排"；也有的来自团体的"自愿合作安排"；还有的来自"政府性安排"（R. 科斯，1991）。也就是说，制度创新主体包括个人、团体和政府。其中，政府是最为重要的制度创新主体。这是因为：①政府能为个人和团体的制度创新提供外在制度环境的支持；②政府具有比较完整的组织系统，能够大大降低推动制度创新所耗费的政治成本以及实施新制度安排所要求的建立新组织的成本；③政府推动的制度创新"没有搭便车问题"；④个人和团体的制度创新最终必须转化为政府的制度创新，才能得到推广并对社会经济产生效应（郭小聪，2000）。这就意味着，相对于个人和团体的制度创新，政府的制度创新成本更低、影响面更大、效果也更好。因此，在农村劳动力转移促进制度体系的创新中，政府理应作为制度创新的重要主体即"第一行动集团"。

无论是联邦制还是单一制，世界上绝大多数国家都相应采取了多级政府体制，政府结构主要包括中央政府和地方政府两级。当人们把政府作为制度创新的主体时，更多的是针对中央政府而言。实际上，地方政府作为这种政治制度安排中非常重要的组成部分，同样具有推动制度创新的主体地位，发挥着中央政府不可替代的管理地方经济和地方公共事务的作用。这种作用和优势体现在：①地方政府可以更好地回应地方个人和团体的需求，直接提供他们所需的制度；②地方政府作为中央政府与地方个人及其团体之间的联系中介，也是诱致性制度变迁与来自中央政府的强制性制度变迁之间转化的桥梁；③地方政府推动的制度创新往往带有试验性，因而具有收益大、风险小的优点（郭小聪，2000）。当然，地方政府推动制度创新的作用能否得到充分发挥，关键取决于地方政府作为制度创新主体的地位是否得到承认或确立。作为全国城乡统筹发展试验区的重庆市来说，自然具有制度创新的试验权和先行权。

8.2 促进重庆市农村劳动力有效转移的政策取向

在公共政策学中，不同学者的定义由于侧重点不同而不同。拉斯韦尔和卡普兰认为公共政策是"一种含有目标、价值与策略的大型计划"（Lasswell and Kaplan，1950）伊斯顿认为公共政策是"对社会进行的权威性价值分配。一项政策的实质在于通过那项政策不让一部分人享有某些东西而允许另一部分人占有它们。换句话说……一项政策包含着一系列分配价值的决定和行动（伊斯顿，1993）"。也就是说，任何一项政策都能带来价值的重新分配，而政策制定时的制定者所持有的价值取向直接决定了哪些群体会从该项政策中获益。我国工业化过程中的政策制定长期以来都是以城市为中心，城市居民受益颇多，而较少顾及农村居民的利益。改革开放以来，农村剩余劳动力转移政策的演变也充分地证明了这一点，农村人口从改革开放中获益的程度远远小于城镇人口。目前各地各种类型的统筹城乡的试点正如火如荼地进行，但很多政策的初衷都是如何促进地区经济与国民经济的发展，政策作用领域大多在城市，而与农村相关的农村三项改革的政策制定并没有完全脱离以前的政策思维惯性，这也是户籍制度改革几十年来无法取得较大突破的根本原因。即使是现在实行统一户口登记制度，但与户籍所在地相关的社会福利仍然存在，这也是 2016 年出台《重庆市进一步深化统筹城乡综合配套改革工作方案》，试图打破农村改革的僵局。对农村剩余劳动力转移而言，有条件转户、有能力转户的农村剩余劳动力大多已经转户进城，要想把 1980 万的农业人口中的部分农村劳动力进一步转移进城，成为新型工业化与城镇化的产业工人，尚需从公共政策层面进行创新，深入深化统筹城乡发展改革，逐步建立保护农民权益的政策取向。

8.2.1 城乡产权的平等获利

随着国家发展和改革委员会《关于 2016 年国家综合配套改革试验区重点任务》的发布，农村土地制度改革及城乡生产要素流动如火如荼地进行。按照目前各地已经进行的农村土地三权分置改革实践，农村土地在有限的市场范围内找到了价值实现的渠道，比如重庆市的农村土地交易所，但制度的限制，农村土地相关产权无法像城市资产产权一样在市场中进行交易，这事实上大大地降低了农村土地相关产权的市场价值，使得农村劳动力缺乏足够的城市生活启动资金而无法毫无后顾之忧地转户进城。因此，政策设计时可以参考城市土地改革的经验，在所有权属于国家所有的前提下，让农村集体建设用地、宅基地进入专门的统一市场进行交易，以保证其获利能力与城市资产持平。

8.2.2　城乡生产要素的相对自由流动

虽然现在政策已经允许城镇工商资本在不改变农村土地用途的前提条件下通过租赁、参股、合作等形式参与农村生产要素的盘活，通过这些形式，农村土地已经由目前的碎片化经营逐步走向规模化经营，但农村在这个过程中只能获得很少的收益，比如一亩地几百元或上千元买断二三十年的经营收益权，后期无法持续地从土地中获利。究其原因在于目前的政策还没有形成一个良性的城乡要素的互动，只允许工商资本下乡，却不允许农村要素，尤其是农村土地要素自由地进入城镇市场进行公开公平的交易，这一制度约束可以在城乡产权平等获利原则的条件下得到破解。

8.2.3　农村人力资源的合理有效配置

农村生产要素的平等获利与城乡要素的合理流动的核心在于人——农村劳动力。城乡公共服务的差距较大，农业人口的人力资本水平远远低于城市人口，这是多年来重城市、轻农村的政策导致的。在我国逐步进入老龄化社会的当下，充分发挥农村劳动力的作用，创造宽松的环境让其在城乡合理配置，不仅可以促进城市经济发展，还能促进农村经济社会发展。因此，需要从农村人力资源的角度调整相关的政策体系，补足农村教育的短板，加强农村职业培训，提高农村社会保障水平，以达到提高农村人力资本水平的目的。

8.3　重庆市农村劳动力转移促进的制度体系：政府主导的多元政策协同

建构促进重庆市农村劳动力有效转移的制度体系是一项复杂的系统工程，需要多元制度安排协同发挥作用。制度的设计不能就农村而农村、就城市而城市，而应着眼于城乡的统筹发展。鉴于重庆市城乡二元经济结构突出的市情，作为制度供给者的重庆市政府，应当立足于重庆市的经济发展实际，基于城乡统筹发展的理念，从制度供给层面出发构建出完善的、多元协同的政策体系有效引导农村劳动力的持续且稳定转移。

8.3.1 深化户籍制度改革，降低农村劳动力转移的制度成本

一直以来城乡户籍双轨制运行是造成我国城乡统筹发展最大的制度性障碍之一，其主要原因就是城乡两种身份在教育、就医、住房、劳动保障等方面存在着较大的差异。其实，户籍制度最主要的目的表现在两个方面：一是加强人口管理，二是便利社会管理。户籍制度的创新不仅是将原农村人口登记为城镇人口这么简单，而是要消除与城乡两种身份相关的公共福利制度上的差距，消除农村转移人口对城市产生的经济上的排斥，使他们能够留下来并逐渐融入主流社会，而不是成为进城农民。重庆市政府根据实际情况，于2010年8月开始以解决农民工城镇户口为突破口，按照统筹规划、自愿有偿、积极稳妥、综合配套、促进发展的原则，开始全面启动户籍制度改革，对常年在城镇工作生活的农村劳动力来说，提供了在一定的制度保障下改变户籍的机会，从而推动了重庆市农村劳动力转移进程。但对剩下的更多与农村土地紧密相连的农民来讲，仅仅依靠户籍改变所带来的收益是不足以解决以后的生活难题。为此，政府需要进一步深化改革，促进农村剩余劳动力的转移。

1）逐步取消户籍审批，在重庆市内放宽户口迁移的政策限制。目前重庆市已经将户口统一为居民户口，没有农业与非农业之分了，但这只是形式上的统一，与户籍所在地相挂钩的各项社会福利仍然存在。通过户籍制度改革，减少渝东南与渝东北地区的人口载荷、新增人口向都市功能拓展区、城市发展新区集中的目标正在实现，但人口向都市圈迁移仍然受到一定的限制。要实现城乡人口的无障碍流动，需要建立农村人口相关信息的补充机制，变静态的户籍登记制度为动态的人口流动监测制度，以促进劳动力就业为核心准则。一方面鼓励城镇就业的农村劳动力转户进城，并将他们纳入与城市身份相关的就业、就学、就医等保障体系中来；另一方面放开对各类专业技术人才流动的约束，促进人才要素的流动，并充分发挥他们的辐射带动作用。

2）增加投入，建立基于身份证制度的户籍管理网络，提高人口管理的技术。建立人口基本信息数据库与居民信用信息数据库、个人纳税信息数据库、社会保

险信息数据库的链接；结合农村劳动力组织化转移的就业登记制度和子女就学制度，完善住房租赁登记管理制度，变以户籍所在地为入学条件为以居住地为基础的入学登记；提高户籍管理工作效率，降低管理成本，同时也强化了农村转移劳动力遵纪守法、诚实守信意识，有利于维护社会管理。

3）逐步取消与户籍相关联的配套社会福利，还原户籍的管理功能。户籍最根本的功能是用于人口流动管理。取消与户籍配套的社会福利，有助于各项改革的深入进行而避免彼此牵制。无论是城镇还是农村，除基本公共服务全民享有以外，针对特殊群体或特殊目的的社会福利要么针对人而设计，要么针对物而设计，以人的身份和物权作为中心来设计相关的制度，从而改变根据户口性质来设计政策的标准与习惯。

8.3.2　完善农村土地交易制度，改革农村产权制度

2007 年 6 月，重庆市被批准为全国统筹城乡综合配套改革试验区，并开始推进土地流转与集约使用。农村土地在现实中存在转包、出租、转让、互换和入股五种流转形式，其中转包形式比例最高，超过土地流转总量的 1/2，其次是出租和转让，分别占 20.31% 和 17.18%；通过土地流转，全市农村土地规模经营比例达到 17% 以上，规模化养殖率已达 40%（2008 年底）。为了进一步推进农村土地流转，统筹城乡土地资源利用，在保有耕地"红线"的前提下，2008 年 11 月 26日《中共重庆市委关于加快农村改革发展的决定》公布，该决定允许农民以多种方式流转土地承包经营权；建立区县、乡镇、村三级农村土地流转中心；设立重庆市农村土地交易所；通过逐步建立城乡统一建设用地市场，促进城市土地收益反哺农村。2008 年 12 月 4 日，重庆农村土地交易所成立，主要开展地票和实物两类交易，交易品种有耕地林地等承包经营权、农村集体建设用地使用权、农村未利用地使用权、承包经营权折资入股后的股权或收益分配权、地票五种。这一制度创新极大地盘活了农村土地市场，截至 2013 年 3 月，重庆市累计复垦建设用地 13.58 万亩，地票交易 11.1 万亩，使用 5.3 万亩，筹集支农资金 222 亿元，实际占用耕地 3.2 万亩，实现耕地占补平衡有余。同年，党的十八届三中全会在《中共中央关于全面深化改革若干重大问题的决定》中提出"要健全城乡发展一体化体制机制"，"在坚持和完善最严格的耕地保护制度前提下，赋予农民对承包地占有、使用、收益、流转及承包经营权抵押、担保权能，允许农民以承包经营权入

股发展农业产业化经营"，"在符合规划和用途管制前提下，允许农村集体经营性建设用地出让、租赁、入股，实行与国有土地同等入市、同权同价；完善对被征地农民合理、规范、多元保障机制等"，从制度上肯定了农民对农村土地所拥有的承包经营权、处置收益权。2015 年，农村土地制度三项改革试点开始实行，农村承包土地、农村集体建设用地、宅基地这三种最重要的农村物质资产成了改革的重点。为了进一步提升农村土地资产的市场价值，需要从制度上进行创新，实现城乡产权的平等获利。

重庆农村土地交易所作为地票交易和实物交易的平台，为农村劳动力转移、农村居民转户进城退出的农村土地开辟了价值实现、农村土地使用权资本化的新渠道，但这一渠道需要拓宽，并扩大交易标的与交易主体的数量与范围。为此，需要从以下几个方面入手。

1）切实加强农村土地保护和利用管理。完善耕地保护机制，确保粮食生产安全。严格执行更低占补平衡制度，加强补充耕地的质量建设和管理。细化土地等级评定工作，确定具有农业生产优势的土地作为耕地，减少农地闲置和抛荒。提高土地审批权限层次，强化土地规划的刚性约束力。设立专门的机构，专司农村土地的整治和开发。根据农村经济发展的自然和社会现状，把农村土地分成"红线区"、"整治区"和"开发区"。按照不同区域发展的要求，对它们实施法规、财政、投资、金融、税收等方面不同的政策，引导农村土地科学的重新配置。划定耕地"红线"，无论是工业园区建设、房地产开发、社会事业用地都不能动用基本农田，政府通过财政投入、农业科技补贴、良种补贴等政策的倾斜性支持鼓励粮食种植业专业化地区建设。

2）完善土地信息系统，强化土地规划的约束力。建立健全地籍调查制度，完善土地信息的收集。为了保障农民的利益，加快农村物质资产产权的确权进程，从法律与形式层面上让农村土地归属清晰。全面反映有流转意愿的农地的数量、位置、基本自然条件等，这些信息是对土地进行等级评定和价格评估的基础。建立村级土地流转站，收集土地流转信息。提高土地使用规划审批层次，强化土地规划约束力，提高土地使用效率。科学规划基础设施建设用地，做好农村用地的内涵挖潜，推动农村工业集中发展。对开发区用地进行区域内的统筹协调，避免盲目的扩张用地和重复建设、无序竞争。杜绝滥用征地权剥夺农民利益，改变"以地生财"的畸形财政结构。

3）建立土地流转综合管理机制，从流转土地的登记、审批、跟踪、处置等各个环节对农村土地流转进行规范化管理。明确土地使用权转包、转让、租赁、入股等流转方式的基本原则，并以标准化合同的方式实施监管。建立镇级土地流转指挥中心（规划功能），根据土地信息对土地的使用进行统一规划，连片整治，集中管理和经营。建立市级土地权属交易所（市场定价功能）促进土地在产业间进行优化配置。建立土地价格体系，包括明确土地价格形成机制、土地等级评定标准、确定基准地价、减少价格确定的随意性，保障农民的土地利益主权少受侵犯。目前已经有多样化的农村土地流转中介组织，如当地政府土地主管部门指导下的"土地流转委托中心""土地流转委托管理所""土地信托银行"等。它们的职能主要有两个方面，一是接受农民流转土地的委托；二是动员相邻地块农民自愿流转土地。其目的是成片整合农地，集中统一使用。通过统一公开招标，寻找合适合法的项目，农户以土地入股或土地出租的方式参与项目经营收益的分配。

4）建立土地流转仲裁机构，加强农地流转监管。尊重农民的主体地位，按照"依法""自愿""有偿"的基本原则对土地权属进行界定和处理，拓宽土地权属流动的形式，如一次性转让、租赁、入股等。对土地流转中的矛盾进行协调，对流转过程中的违规行为进行监督和处置。农地流转中的权属关系相对复杂，由此产生的纠纷和阻滞需要通过第三方进行协调。加强农地流转后的监管，对已经依法流转的土地各级政府应设立或指定专门机构加强检查，确保已经流转的土地使用方式发生改变，防止土地规划被亵渎，杜绝违法使用土地。

8.3.3　统筹城乡劳动力市场，多渠道促进农村劳动力转移就业

1）建立就业机会保障制度。切实维护用工制度的公平性，取消城市中歧视性的就业保护制度，强化劳动力市场化流动机制，保证来自城市和农村的劳动者受到平等的用工待遇。规范企业用工管理，保护农村转移劳动力的合法权益，提高其就业的稳定性；建立就业信息披露平台，对转移劳动力就业状况进行统计监测，对就业规模和分布、技能状况、劳动收入、求职意向等进行跟踪和调查，推动农村劳动力稳步有序转移；完善就业服务体系，培育劳动力市场和中介组织，形成资源、培训、输出各个环节相互连接的就业服务网络，不仅要让转移的劳动力实现一次就业，而且要提高他们就业的稳定性。

2）配合项目引进和园区建设。在企业内广泛建立劳动技术培训基地，采取多

种模式开展职业技能教育。如企业按照自己的需求列出技术技能清单，引入专业化职业教育机构提供配需服务；或企业根据自己的用人需求，组织自己的技术能手形成职教队伍；或企业下人才订单，由专业化教学单位相对独立地培训人才，实现人才培养上的校企合作。

3）积极为返乡人员提供创业平台。把政策激励的重心从"转移致富"变为"创业致富"，激活农村劳动力创业的积极性，让一个人转移变成带动一批人转移。在畅通外出务工的输出渠道的同时，要鼓励务工返乡的那部分农村人口自主创业。首先，从政策、治安、人文等多方面营造良好的投资环境，鼓励外出务工人员返乡创业，帮助他们解决"系统性"的困难。将务工返乡人员创办的企业纳入各级政府中小企业担保资金范围，享受城镇下岗失业人员创办企业的优惠政策，设立专项奖励，通过树立典型，带动外出务工的人员返乡创业。其次，鼓励返乡创业人员兴办劳动密集型产业园区，在用工、用地、税收等方面给予政策支持；引导他们将城市劳动密集型企业和产业链前端企业引入到城乡接合部来；依法组织农业生产体系的合作经济组织，鼓励农户在创业者的带领下，实现生产合作，克服小农弱势，培养民主决策能力。最后，充分尊重农民的首创精神，坚持用市场的方法，辅以法治化管理，加之政府引导和示范，建立多种合作性组织，如农村金融协会、农业技术合作社。遵循农民互助、自助的基本原则，简化农村合作经济组织的成立程序，在符合国家法律规范的框架下，只需经过工商登记备案即可，不受行政主管部门限制，也不受注册资本约束。

4）设立创业扶持基金，并成立创业方案评审委员会。一方面成立独立于利益主体的第三方专家委员会，对申请创业扶持的项目进行评估；另一方面成立由主要利益相关者组成的答辩会，对申请创业扶持的项目进行论证。通过充分的对比，筛选出符合地域经济特点和产业发展要求的项目给予创业支持，设立创业启动基金。由财政和政策性金融机构履行鼓励涉农产业和企业创业的职能；构建创业贷款支持体系。鼓励金融机构拨出专项资金，成立专门的部门，广泛参与支持涉农创业，由各金融机构共同提供联合贷款，形成共同控制和分担风险的机制；建立创业服务局。创业服务局主要针对通过评审的创业项目提供相应的服务，包括寻找和组织专业技术队伍，搭建市场销售平台，帮助解决技术难题，举办涉农产业/产品博览会，提供相关信息咨询，协助创业者做好市场、技术、人才等方面的对接。

8.3.4　推进农业产业化改革，拓展农村劳动力转移的产业空间

农业产业化经营联系农业生产的产前、产中、产后，并逐步向加工业、商业、科技业拓展，形成了生产、加工、科技、服务、销售的产业链，实现了经营机构、经营权限、管理机制的创新。推行农业产业化经营不仅可以促进农产品结构调整，提高农业劳动生产效率与农产品的收益率，更能利用现代化的生产与管理经验改造传统的农业，增加农民的收入。同时，为全市龙头企业提供组织、协调、服务和指导功能，搭建一个更高层次、更为广泛的服务平台，成立农业产业化协会，旨在信息沟通与发布、利益协调、行业推进方面促进龙头企业的发展，增强龙头企业的带动作用。在城乡统筹发展中加快推进农业产业化经营，可以优化农业产业结构，调整农业产业区域布局，发展特色农业，吸引和促进农村劳动力向非农产业的就地转移，拓宽转移农村劳动力的就业渠道，实现农村劳动力在与农业相关的非农产业就业，减轻转移农村劳动力对城镇就业的压力。

1）壮大支柱产业，发展特色农业。产业化经营的农业必须有支柱性产业作为支撑，发挥主导产业的辐射带动作用，形成对周边经济发展的"集群效应"。为此，首先需要抓好农业的结构调整，注重发展优质、高效农业，并结合当地优势，大力发展优势产业，逐步形成"种、养、加""农、工、贸"一体化发展，发挥规模经济优势，提高农业生产附加值。其次要注重延长农业产业链，扩大农业生产的外延，将工业生产的初级环节与农业生产环节对接；在各环节实施模块化经营，以专业且更加细化的生产机构提高生产效率，丰富产品种类，使生产得到有效分解与升级，增强对农村劳动力的吸纳能力，从而增加他们的非农收入。再次各级政府要切实落实政策优惠，扶持发展龙头企业，形成农产品深加工的支柱企业和主导产品，并逐渐带动关联产业群的壮大；推动"农业产业化工程"建设，实现农产品集约化、产业化生产；建立特色化农业产品基地；鼓励农村、农业企业创品牌。最后政府及农业产业化协会要规范农产品生产标准，构建评价平台，完善监管机制。

2）推动农业产业化经营的组织化发展。在重庆市农村经济发展过程中，必须强化农业产业内部结构调整，大力发展劳动密集型农业，不断拓展农业相关的生产领域，提高农业综合开发能力，推动农业内部向纵深发展。积极推广"龙头公司+农户""龙头公司+农户+合作社""村企联建""农村合作社+农户"等农业生产组织模式，建立具有相对市场优势的农业生产经营体系，克服小农式生产与大

市场之间的矛盾。根据区域资源禀赋特征，科学规划农业结构布局，建立特色化的现代农业体系。通过农业生产专业带建设，农民从事特色农产品专业化生产，提高纯农业产出水平。扶持和培育适度规模经营的家庭农场是实现农业产业化发展的首要步骤，是农业由半自然经济向商品经济转变的必经之路。必须培育一大批新型的农业生产者，他们将逐渐成长为农业专业化生产企业中的专业人员。家庭农场可以由多种渠道形成，如家庭间的自愿联合形成的合作性组织、法人或类法人出资、农户家庭以土地等资源入股形成的公司性组织。加大"品牌农业""拳头产品""示范基地"建设。通过分类指导，大力发展优质、高效的板块农业，扩张有比较优势的主导农业，建立有特色的产业基地。大力发展专业化市场，广泛组建联合市场，建立集农工商于一体的商品流通体系，带动农村第三产业发展。培育专业大户，组织专业行会，构建专业市场，带动农业生产和农产品流通进入专业化领域。加快村级综合改革，开创多种形式的集体经济组织，大力发展土地股份合作社、金融合作协会。

3）完善相关法律法规，保障农产品生产链条中各主体的利益。在农业产业化经营过程中，保护农民的权益至关重要。龙头企业在组织产品、市场开拓、价格谈判等方面具有绝对的信息优势，容易产生较强的自利行为，而置农民的利益于不顾。而农户在市场销售形势较好时，基于利益的考量，容易产生违约的行为，从而侵害龙头企业的利益。为了维护农业产业化经营过程中各方的利益，实现共赢，除了在相关互助合同签订过程中添加约束条款外，还可以制定和完善农村、农业企业与下游企业，尤其是与下游大企业交往中的利益保障制度，防止下游企业利用自身优势侵害农村、农业企业利益，逃避应该承担的责任；制定和完善鼓励成熟企业扩大与农村、农业企业经济往来的制度。

4）加大政府对基础设施投入力度。道路交通等基础设施建设是改善农村生产生活条件，促进农业发展的根本。为了加强重庆市农村基础设施建设，应该把城乡资源在更广的范围内纳入同一个体系中来，在增强城市承载能力的同时，也增强城市对农村的辐射能力和带动作用。推行大规模的公路建设援助计划，使城市和农村的公路交通成网络化，进而促使大量的工厂、商业中心、住宅区域在更大范围内流动和布局，围绕大城市形成各具特色的中小城市群；大城市和中小城市之间形成有特色的产业带。设立农村发展基金，对农业生产技术改造、农村基础设施整顿等能促进农业现代化发展的项目给予资金支持。建立城市扶助农村的长效机制，推动城乡在产业联动、融资支持、劳务合作、人口承接、科技帮扶、教育互助、医疗支援、干部交流等方面开展帮扶合作。加快发展覆盖城乡的社会事业，将公共设施向农村延伸，公共服务向农村渗透，逐步实现城乡基本公共服务均等化。

8.3.5 调整农村教育结构，提升农村转移劳动力的人力资本水平

教育发展是城乡统筹发展的重要内容，也是推动城乡统筹发展的重要力量。教育既能提高劳动力的生产效率和生产能力，也能提升他们获取信息和处理信息的能力，因此不仅是劳动力转移的现实推动力，也是持久推动力。必须重视基础教育在农村劳动力素质提高方面的作用。面对目前我国农村劳动力整体素质偏低，在劳动力市场上缺乏竞争力的现状，必须加强对基本文化素质教育的认识，奠定进一步接受专业技能教育的基础，不断满足他们就业后继续学习的需求，拓宽就业渠道，延展就业平台。以城乡统筹发展为主导意识，应该树立"整体提升、技能实用"的思路，大力调整农村教育结构。

1）构建农村普通中等教育双轨架构。一轨是原有的与城市完全相同的、以高考为终点的三年高中教育模式，向农村青少年打开学历教育的通道；另一轨是全新的以就业为导向的职业技能化高级中等教育模式，在提高农村青少年整体文化素质的同时，增加与职业技术相关的专业性课程，并将高中毕业证和职业技术资格认证相结合。破除以高考为轴心的教育资源配置现状，促进人人获得平等的以就业为轴心的发展机会。

2）破除读书无用论，以扩大基础知识面为前提、从强化技能入手，着眼于青少年教育的长远效益。赋予农村职业教育更大的自主权，调动其发掘劳动力市场需求的潜能，及时调整专业安排和招生计划；加强农村职业教育的校企联系，建立与企业合作的实习基地。

3）政府主导开展多种形式的职业技能培训，让学生资助政策深入到农村职业教育中来，加大培养社会应用型人才的政策引导力度；设立专项技术型人才的助学基金，推广农村职业教育助学贷款；建立劳动技能认证机构，通过认证考试而不是课程学习，将"非正规"农村劳动者转变为"正规"劳动者。

4）以市场为导向，整合教育资源，加强劳动力就业技能培训。鼓励企业建立劳动力培训基地，推行订单式培训，实现定向式就业，做好就业前培训、在职培训和再就业培训；增强就业培训的针对性，配合资格认证对专业培训进行层次细

分，鼓励术业有专攻，提高劳动力资源的培养深度；用人企业提出技能标准，开展技能认定，与用人挂钩。此外，促进科研机构、大专院校与农村、农业的联系，拓宽合作渠道，实现科研成果向现实生产力转化。

8.3.6 均衡城乡公共产品供给，保护农村转移劳动力的社会权益

社会保障制度是我国城乡差距表现最为突出的方面，也是造成农村劳动力转移具有明显临时性的最主要的制度障碍。2006 年国务院印发的《国务院关于解决农民工问题的若干意见》中提出，要坚持分类指导，稳步推进，优先解决工伤保险和大病医疗保障问题，逐步解决养老保险问题。在现实条件下，针对城乡差距大、农村流转劳动力数量大、形式多的特点，同步推行与城市接轨的社会保障制度，谨慎推行"以土地换社保、以宅基地换住房"的政策，创新土地流转机制，让转移农村剩余劳动力享受更多土地增值。

1）加大政府对农村公共医疗的投入力度，建立城乡一体的公共卫生预警机制和应急机制；继续推广新型农村合作医疗保障制度，同时继续推动针对进城务工农民的大病统筹保障制度；允许和鼓励在城市工作相对稳定的进城务工农民参加城镇职工基本医疗保险，对没有稳定收入的进城务工农民鼓励参加城乡居民合作医疗保险，并逐步将城镇职工基本医疗保险、城乡居民合作医疗保险、新型农村合作医疗保险合并，让转移农村剩余劳动力与城镇居民享有同等的保障待遇。

2）创新养老保险制度。对在城市已经有相对稳定职业、相对固定住所的农村转移劳动力，应将其纳入城镇养老保险制度中来，并通过提高他们的土地收益率，增强其城市生存能力，降低他们对农村土地保障功能的依赖；对在城市有相对稳定职业、但没有相对固定住所的农村转移劳动力，鼓励他们加入城镇养老保险体系，通过职业技能培训提高其就业能力，以便在城市中站稳脚跟。对离土不离乡、主要从事非农生产的转移劳动力，推行单位和个人共同承担的与城镇无差别的养老保险制度；对从事农业生产的那部分劳动力，一是要结合他们的土地流转，落实流转后的养老保障权益，二是允许和鼓励他们在所推行的几种养老制度中自愿选择和强制参加。

3）切实落实农村转移劳动力的失业保险制度和工伤保险制度。针对农村流转劳动力进城就业的现实状况，应加强失业保险和工伤保险的强制执行力度，要求凡

是建立工资关系的单位和个人，无论是非农企业，还是企业化的农业生产企业，都必须参加与城市无差别的失业和工伤保险。一旦失业或发生工伤事故，由社会保障机构根据其参加保险时间长度，享有同城镇劳动力相同的保险待遇。

4）允许和鼓励有固定单位的农村转移劳动力参加住房公积金制度。同时，住房公积金制度也需要作相应的修正，既允许个人将所积累的公积金用于购置住房，并申请住房抵押贷款，又要允许将所积累的公积金用于支付房租。

总之，与农村劳动力转移相关的政策不仅要制定全面，更要能够发挥协同作用，充分发挥政策的效力。发展经济学理论认为，城乡二元结构的解构需要城乡劳动力及人口的流动，以此打破城乡壁垒，促进城乡统筹发展。而我国大量人口户口所在地与居住地相分离的现状必须通过公共政策间的联动来逐步解决。从重庆市目前的户籍制度及其配套制度的进展来看，还需要进一步加强户籍制度与农村土地制度的联动，以实现农村土地利益的获取与利益分配的优化；实现户籍制度与社会保障制度之间的联动，使城乡居民无差别地获取社会福利；促进户籍制度与农村教育制度之间的联动，优化配置教育资源。

参 考 文 献

蔡昉, 都阳, 王美艳. 2003. 劳动力流动的政治经济学. 上海: 上海三联书店.

蔡昉, 王美艳. 2007. 农村劳动力剩余及其相关事实的重新考察——一个反设事实法的应用. 中国农村经济, (10): 4-12.

蔡昉. 1990. 中国的二元经济与劳动力转移理论分析与政策建议. 北京: 中国人民大学出版社.

蔡昉. 2001. 劳动力迁移的两个过程及其制度障碍. 社会学研究, (4): 44-51.

蔡昉. 2002. 中国人口与劳动问题报告——城乡就业问题与对策. 北京: 社会科学文献出版社.

蔡昉. 2005. 农村剩余劳动力流动的制度性障碍分析——解释流动与差距同时扩大的悖论. 经济学动态, (1): 35-42.

蔡昉. 2007. 中国经济发展的刘易斯转折点——中国人口与就业绿皮书(2007). 学术动态: 北京, (13): 3-14.

蔡晢, 王德文. 1999. 中国经济增长可持续性与劳动贡献. 经济研究, (10): 62-68.

曹阳. 1999. 中国农业劳动力转移: 宏观经济结构变动. 武汉: 湖北人民出版社.

曹宗平. 2009. 中西部地区农村剩余劳动力转移梗阻及制约因素. 求索, (7): 22-24.

陈吉元, 胡必亮. 1994. 中国的三元经济结构与农业剩余劳动力转移. 经济研究, (4): 14-22.

陈朔, 冯素杰. 2005. 经济增长速度与农村劳动力转移. 南开经济研究, (5): 45-47.

陈文权, 谢来位. 2008. 农村劳动力转移中的政府行为. 重庆社会科学, (3): 17-23.

陈锡康. 1992. 中国城乡经济投入占用产出分析. 北京: 科学出版社.

陈曦. 2005. 农业劳动力非农化与经济增长. 哈尔滨: 黑龙江人民出版社.

陈先运. 2004. 农村剩余劳动力测算方法研究. 统计研究, (2): 50-52.

陈扬乐. 2001. 中国农业剩余劳动力规模及滞留经济代价研究. 人口与经济, (2): 52-58.

程开明, 李金昌. 2007. 城市偏向、城市化与城乡收入差距的作用机制及动态分析. 数量经济技术经济研究, (7): 116-124.

程名望, 史清华, 关星. 2007. 农村劳动力转移的特点与问题. 中国国情国力, (4): 38-41.

程名望, 史清华, 潘烜. 2013. 农村剩余劳动力转移的一个动态搜寻模型与实证分析. 管理评论, (1): 3-8.

程名望, 史清华, 徐剑侠. 2006. 中国农村劳动力转移动因与障碍的一种解释. 经济研究, (4): 68-78.

程名望, 史清华. 2010. 就业风险、就业环境、就业条件与农村剩余劳动力转移——基于沪鲁晋

364 份务工样本的实证分析. 管理评论, (12): 11-19.

大卫·李嘉图. 1962. 政治经济学及赋税原理. 王亚南译. 北京: 商务印书馆.

戴维·伊斯顿. 1993. 政治体系——政治学状况研究. 马清魏译, 北京: 商务印书馆: 123.

单正丰, 季文, 陈如东. 2009. 农村劳动力迁移中的两级遴选机制与群体分化——农村劳动力迁移过程中的公共政策选择. 农业经济问题, (6): 54-61.

道格拉斯·C. 诺斯. 1994. 制度、制度变迁与经济绩效(中文版). 刘守英译. 上海: 上海三联书店.

道格拉斯·C. 诺思. 2008. 理解经济变迁过程. 钟正生等译. 北京: 中国人民大学出版社.

邓大松, 孟颖颖. 2008. 中国农村剩余劳动力转移的历史变迁: 政策回顾和阶段评述. 贵州社会科学, (7): 4-12.

都阳, 蔡昉, 屈小博等. 2014. 延续中国奇迹: 从户籍制度改革中收获红利. 经济研究, (8): 4-13.

杜书云. 2007. 农村劳动力转移就业成本——收益问题研究. 北京: 经济科学出版社.

杜鹰, 白南生. 1997. 走出乡村: 中国农村劳动力流动实证研究. 北京: 经济科学出版社.

段进朋, 钟文静. 2007. 农村剩余劳动力转移: 一个新视角. 软科学, (2): 124-127.

段娟, 叶明勇. 2009. 新中国成立以来农村剩余劳动力转移的历史回顾及启示. 党史文苑, (3): 4-11.

樊纲. 2007. 企业家最重要的社会责任就是创造就业. http://www.cq.xinhuanet.com/2007/2007-11/05/content_11588833.htm.

樊茂勇, 侯鸿翔. 2000. 二元经济条件下农村隐性失业分析. 经济评论, (5): 47-50.

费景汉, 拉尼斯. 1989. 劳力剩余经济的发展. 王月, 甘杏娣, 吴立范译. 北京: 华夏出版社.

高国力. 1995. 区域经济发展与劳动力迁移. 南开经济研究, (12): 26-27.

高铁梅. 2006. 计量经济分析方法与建模——Eviews 应用及实例. 北京: 清华大学出版社.

高迎斌. 2000. 农业剩余劳动力转移与小城镇建设. 农业经济, (4): 32-35.

葛永军, 许学强, 阎小培. 2003. 中国城市产业结构的现状特点. 城市规划学刊, (3): 81-83.

龚玉泉, 袁志刚. 2002. 中国经济增长与就业增长的非一致性及其形成机理. 经济学动态, (10): 35-39.

谷卫. 1991. 城市产业结构演变趋势的一致性与差异性. 南开经济研究, (6): 62-65.

官永彬, 张应良. 2006. 农民收入的经济数理模型与实证分析. 统计与决策, (19): 74-75.

郭春丽. 2008. 统筹城乡发展制度建设的思路和建议. 宏观经济管理, (3): 22-24.

郭金兴. 2008. 剩余劳动的理论发展、估算方法与中国经验. 中国农村观察, (5): 72-82.

郭晋晖. 2006. 田成平细数家底, 就业投入将稳定增加. http://finance.sina.com.cn/g/20061129/03183117684.shtml.

郭熙保. 1995. 农业剩余劳动问题探讨. 经济学家, (3): 63-69.

郭小聪. 2000. 中国地方政府制度创新的理论: 作用与地位. 政治学研究, (1): 67-73.

国家统计局国民经济综合统计司. 2005. 新中国五十五年统计资料汇编. 北京: 中国统计出版社.

哈罗德·德姆塞茨. 1999. 所有权、控制与企业. 北京: 经济科学出版社: 129.

哈罗德·德姆塞茨. 1990. 关于产权的理论. 银温泉译. 经济社会体制比较, (6): 49-55.

韩俊. 2008. 重视劳动力新趋势. 新经济导刊, (12): 46-47.

何建新. 2013. 我国农村剩余劳动力转移的现状及转移路径分析. 中国人口·资源与环境, (S2):

234-236.

何景熙. 1999. 不充分就业及其社会影响——成都平原及周边地区农村劳动力利用研究. 中国社会科学, (2): 34-50.

何景熙. 2000. 不充分就业: 中国农村劳动力剩余的核心与实质——农村剩余劳动力定义与计量新探. 调研世界, (9): 9-11.

侯凤云. 2004. 中国农村劳动力剩余规模估计及外流规模影响因素的实证分析. 中国农村经济, (3): 13-21.

胡永泰. 1998. 中国全要素生产率: 来自农业部门劳动力再配置的首要作用. 经济研究, (3): 31-39.

黄国华. 2010. 成本与市场双重约束下农村劳动力转移影响因素研究. 中国农村观察, (1): 34-40.

黄红华. 2009. 统筹城乡就业中的政策工具——以浙江省湖州市为例. 中国行政管理, (2): 117-121.

黄维民, 朱盛艳. 2003. 借鉴日本经验探索我国农村剩余劳动力转移途径. 农业经济, (12): 45.

惠宁, 霍丽. 2007. 中国农村劳动力转移研究. 北京: 中国经济出版社.

纪月清, 刘迎霞, 钟甫宁. 2009. 中国农村劳动力迁移: 一个分析框架——从迁移成本角度解释2003—2007年农民工市场的变化. 农业技术经济, (5): 4-11.

季文, 应瑞瑶. 2007. 农村劳动力转移的方向与路径: 一个宏观社会网络的解释框架. 江苏社会科学, (2): 77-83.

贾先文、黄正泉、黄蔡芬. 2010. 论我国农村剩余劳动力转移的"拐点". 改革与战略, (1): 94-96.

蒋若凡, 李菲雅, 王春蕊等. 2013. 我国农村剩余劳动力存量估算及预测. 软科学, 27(12): 6-10.

卡尔·波普尔. 2008. 科学发现的逻辑. 查汝强, 邱仁宗, 万木春译. 杭州: 中国美术学院出版社.

赖小琼, 余玉平. 2004. 成本收益视线下的农村劳动力转移——托达罗模型的反思与拓展. 当代经济研究, (2): 22-26.

乐君杰. 2006. 中国农村劳动市场的经济学分析. 杭州: 浙江大学出版社.

黎煦. 2007. 刘易斯转折点与劳动力保护. 首都经济贸易大学学报, (4): 60-66.

李宝元. 2000. 人力资本与经济发展. 北京: 北京师范大学出版社.

李培林. 2001. 中国贫富差距的心态影响和治理对策. 中国人民大学学报, (2): 7-11.

李培林. 2003. 农民工: 中国进城农民工的经济社会分析. 北京: 社会科学文献出版社.

李实. 1997. 中国经济转轨中劳动力流动模型. 经济研究, (1): 23-30.

李实. 1999. 中国农村劳动力流动与收入增长和分配. 中国社会科学, (2): 32-41.

李实. 2003. 中国个人收入分配研究回顾与展望. 经济学, (2): 379-404.

李世文. 2010. 城乡分割的"二元"政策体系对农村劳动力转移的影响. 甘肃农业, (5): 44-45.

李停. 2016. 农地证券化、劳动力转移与城乡收入分配. 中国土地科学, (6): 52-61.

李晓杰. 2007. 农村劳动力转移政策研究. 社会科学战线, (3): 58-61.

李秀霞. 2006. 农村劳动力"剩余"与农村劳动力"转移"的理论与实证分析. 华南农业大学学报(社会科学版), (4): 33-44.

李勋来, 李国平. 2005. 经济增长中的农村富余劳动力转移效应研究. 经济科学, (3): 39-43.

李勋来, 李国平. 2005. 农村劳动力转移模型及实证分析. 财经研究, (6): 78-85.

李迅雷, 周洪荣, 朱蕾. 2014. 中国农村劳动力转移效应及潜力测算. 财经研究, (6): 121-131.

李友根. 2008. 中国西部农村劳动力转移研究. 北京: 中国农业出版社.

李占才, 运迪. 2009. 改革以来我国农村劳动力转移政策的演化及其经验. 当代中国史研究, (6): 51-58.

李芝倩. 2008. 中国农村劳动力流动的要素配置效应研究. 生产力研究, (23): 37-39.

李中. 2013. 农村剩余劳动力转移与土地资源处置方式——基于湖南省的实证分析. 财经问题研究, (6): 101-105.

李佐军. 2003. 劳动力转移的就业条件和制度条件. 中国社会科学院研究生院博士学位论文.

林毅夫, 蔡昉, 李周. 1999. 中国的奇迹: 发展战略与经济改革. 上海: 上海三联书店.

林毅夫. 2003. 深化农村体制改革, 加速农村劳动力转移. 中国行政管理, (11): 20-22.

刘传江. 2004. 当代中国农民发展及其面临的问题(二)——农民工生存状态的边缘化与市民化. 人口与计划生育, (11): 44-47.

刘建进. 1997. 一个农户劳动力模型及有关农业剩余劳动力的实证研究. 中国农村经济, (6): 15-22.

刘良博. 2009. 我国农村剩余劳动力转移的制约因素分析. 企业导报, (2): 34-35.

刘荣增. 2008. 城乡统筹理论的演进与展望. 郑州大学学报(哲学社会科学版), (4): 63-67.

刘社建. 2005. 就业结构与产业升级协调互动探讨. 社会科学, (6): 13-17.

柳彦. 2007. 关于农村劳动力流动的政策分析. 经济问题, (6): 78-79.

龙志和, 陈芳妹. 2007. 土地禀赋与农村劳动力迁移决策研究. 华中师范大学学报(人文社会科学版), (5): 11-16.

卢现祥. 1996. 西方新制度经济学. 北京: 中国发展出版社.

卢向虎, 朱淑芳, 张正河. 2006. 中国农村人口城乡迁移规模的实证分析. 中国农村经济, (1): 35-41.

陆芳. 2009. 城乡统筹视角下的农村劳动力资源开发研究. 生产力研究, (11): 47-49.

罗明忠. 2008. 农村劳动力转移: 决策、约束与突破——"三重"约束的理论范式及其实证分析(3版). 北京: 中国劳动社会保障出版社: 4.

罗明忠. 2008. 农村劳动力转移的"三重"约束: 理论范式及其实证分析. 山东经济, (6): 17-23.

马晓河, 马建蕾. 2007. 中国农村劳动力到底剩余多少? 中国农村经济, (12): 4-10.

马颖. 2007. 地区收入差距、剩余劳动力流动与中西部城镇化战略——基于中国区域发展的经验对托达罗·菲尔茨模型的扩展. 福建论坛(人文社会科学版), (3): 10-15.

迈耶. 1995. 发展经济学的先驱理论. 谭崇台, 马颖, 梁晓滨译. 昆明: 云南人民出版社.

孟令国, 刘薇薇. 2013. 中国农村剩余劳动力的数量和年龄结构研究——基于 2002—2011 年的数据. 经济学家, (4): 37-42.

苗瑞卿, 戎建, 郑淑华. 2004. 农村劳动力转移的速度与数量影响因素分析. 中国农村观察, (2): 39-45.

农业部软科学委员会办公室编. 2010. 农村改革与统筹城乡发展. 北京: 中国财政经济出版社.

欧阳峣, 张杰飞. 2010. 发展中大国农村剩余劳动力转移动因——一个理论模型及来自中国的经验证据. 中国农村经济, (9): 4-16.

潘文卿. 1999. 中国农业剩余劳动力转移效应测评. 统计研究, (4): 31-34.

潘文卿. 2001. 中国农业剩余劳动力转移现状及转移效益分析. 农业技术经济, (3): 33-38.

秦华, 夏宏祥. 2009. 对我国农村劳动力转移影响因素的实证分析. 经济理论与经济管理, (12):

47-52.

任保平, 梁炜. 2008. 西部地区统筹城乡发展: 态势、模式和路径选择. 财经科学, (10): 117-124.

戎建. 2008. 迁移回报率与中国农村劳动力流动. 中国经济问题, (11): 27-35.

沈坤荣, 余吉祥. 2011. 农村劳动力流动对中国城镇居民收入的影响——基于市场化进程中城乡劳动力分工视角的研究. 管理世界, (3): 58-65.

史晋川, 赵自芳. 2007. 所有制约束与要素价格扭曲——基于中国工业行业数据的实证分析. 统计研究, (6): 42-47.

宋世方. 2009. 刘易斯转折点: 理论与检验. 经济学家, (2): 69-75.

托马斯·雅诺斯基. 2000. 公民与文明社会. 柯雄译. 沈阳: 辽宁教育出版社.

涂圣伟, 何安华. 2011. 中国农村剩余劳动力存量及变动趋势预测. 经济与管理研究, (3): 111-117.

王诚. 1996. 中国就业转型: 从隐蔽失业、就业不足到效率型就业. 经济研究, (5): 38-46.

王菲. 2008. 农村剩余劳动力转移与经济增长的耦合分析. 统计与决策, (6): 90-92.

王红玲. 1998. 关于农业剩余劳动力数量的估计方法与实证分析. 经济研究, (4): 52-69.

王检贵, 丁守海. 2005. 中国究竟还有多少农业剩余劳动力. 中国社会科学, (5): 27-35.

王美霞. 2007. 大力促进我国农村劳动力"二次转移". 理论导刊, (1): 61-63.

王萍. 2008. 中国农村剩余劳动力转移乡城转移问题研究. 大连: 东北财经大学出版社.

王晓鲁. 1997. 对乡镇企业增长的重新估计——制度变革对增长的影响. 经济研究, (1): 31-39.

王秀芝. 2008. 二元结构下江西农村劳动力转移效应的理论与实证研究. 南昌大学博士论文.

王雅丽, 张锦华, 吴方卫. 2016. 劳动参与率对农村转移劳动力歧视的影响——基于 CHIPS 数据研究. 农业技术经济, (8): 34-48.

王亚平. 2008. 促进农村劳动力转移的主要驱动力——国外经验对中国的启示. 生产力研究, (11): 98.

王莹. 2015. 农村劳动力转移对中国城乡收入差距的影响: 基于 CGE 模型的分析. 金融评论, (5): 82-92.

王永钦, 张晏, 章元等. 2007. 中国的大国发展道路——论分权式改革的得失. 经济研究, (1): 4-16.

危丽, 杨先斌. 2005. 农村劳动力转移的博弈分析——对托达罗模型在我国的适用性研究. (9): 34-37.

威廉·阿瑟·刘易斯. 1989. 二元经济论. 施炜, 谢兵, 苏玉宏译. 北京: 北京经济学院出版社.

威廉·配第. 2010. 政治算术. 马妍译. 北京: 中国社会科学出版社.

威廉姆森. 1998. 治理的经济学分析: 框架和意义//菲吕博顿等编. 新制度经济学. 上海: 上海财经大学出版社.

吴敬琏. 2002. 农村剩余劳动力转移与"三农"问题. 宏观经济研究, (6): 6-9.

吴要武. 2007. "刘易斯转折点"来临: 我国劳动力市场调整的机遇. 开放导报, (3): 50-56.

吴垠. 2015. 中国特色新型城镇化: 以刘易斯拐点期为背景的理论、模式与政策研究. 经济科学, (2): 18-29.

武国定, 方齐云, 李思杰. 2006. 中国农村劳动力转移的效应分析. 中国农村经济, (4): 63-70.

西奥多·W. 舒尔茨. 1987. 改造传统农业. 梁小民译. 商务印书馆.

西奥多·W. 舒尔茨. 1987. 论人力资本投资(中文版). 北京: 中国经济出版社.

西奥多·W. 舒尔茨. 1988. 穷人经济学//王宏昌, 林少宫. 诺贝尔经济学奖金获得者演讲集 (1969—1986). 北京: 中国社会科学出版社.

西奥多·W. 舒尔茨. 1990. 论人力资本投资. 吴珠华等译. 北京: 北京经济学院出版社.

西奥多·W. 舒尔茨. 2006. 改造传统农业. 梁小民译. 北京: 商务印书馆.

夏长杰. 1999. 中国农业隐性失业的统计测算及分析. 湖南科技大学学报(社会科学版), (1): 40-45.

夏杰长. 2000. 我国劳动就业结构与产业结构的偏差. 中国工业经济, (1): 36-40.

肖俊夫, 宋福忠. 2009. 统筹城乡发展改革的原则及重点——基于对重庆试点工作的调研与思考. 北方经济: 综合版, (3): 8-10.

邢成双. 2008. 我国农村劳动力市场的变迁与启示. 中国商界, (9): 210-212.

许经勇. 2002. 论农业剩余劳动力转移. 经济管理, (4): 5-6.

徐现祥, 舒元. 2001. 中国经济增长中的劳动结构效应. 世界经济, (5): 17-23.

许峰. 1999. 托达罗基本模型的启示、发展和运用. 财经研究, (6): 27-30.

薛国琴. 2006. 中国农村劳动力转移的阶段性特征. 经济学家, (1): 127.

雅各布·明塞尔. 2001. 人力资本研究. 北京: 中国经济出版社.

亚当·斯密. 1972. 国民财富的性质和原因的研究. 郭大力, 王亚南译. 北京: 商务印书馆.

亚当·斯密. 2005. 国富论. 唐日松译. 北京: 华夏出版社.

杨刚, 王志章, 陈国生. 2008. 统筹城乡发展中重庆人口规模有序扩张的思考. 农村经济, (5): 67-69.

杨立新, 蔡玉胜. 2007. 城乡统筹发展的理论梳理与深入探讨. 税务与经济, (3): 56-60.

杨庆育. 2008. 重庆统筹城乡发展若干重大问题思考. 决策管理, (5): 13-14.

杨云彦, 石智雷. 2008. 家庭禀赋对农民外出务工行为的影响. 中国人口科学, (5): 66-72.

姚先国, 赖普清. 2004. 中国劳资关系的城乡户籍差异. 经济研究, (7): 82-90.

约翰·N. 德勒巴克, 约翰·V·C. 奈. 2003. 新制度经济学前沿. 张宇燕等译. 北京: 经济科学出版社.

张爱婷. 2009. 农村劳动力流动的经济增长效应理论模型. 统计与信息论坛, (8): 11-16.

张宝田. 2009. 统筹城乡发展推进城乡一体化. 经济纵横, (4): 23-25.

张保法. 1997. 经济增长中的结构效应. 数量经济技术经济研究, (11): 33-35.

张广婷, 江静, 陈勇. 2010. 中国劳动力转移与经济增长的实证研究. 中国工业经济, (10): 15-23.

张季. 2008. 用制度创新统筹城乡发展. 求是, (9): 63.

张军政. 2009. 农村剩余劳动力转移组织化的现状分析与对策研究. 安徽农业科学, (10): 4694-4698.

张平. 1998. 中国农村居民区域间收入不平等与非农就业. 经济研究, (8): 59-60.

张世伟, 赵亮. 2009. 农村劳动力流动的影响因素分析——基于生存分析的视角. 中国人口·资源与环境, (4): 101-106.

张守敬. 2009. 清除二元制樊篱构建一体化格局——关于统筹城乡经济社会发展的深层思考. 现代经济探讨, (2): 59-63.

张树林. 2010. 农村劳动力转移: 改革开放以来的实证分析. 商业研究, (4): 149-151.

张玮. 2012. 农村剩余劳动力城市居留意愿研究——基于河南省 18 地市调查数据. 西北人口,

(3): 45-49.

张五常. 2000. 经济解释. 北京: 商务印书馆.

张兴华. 2014. 农村还有多少剩余劳动力. http://finance.ifeng.com/a/20140212/11635538_0.shtml.

张雅丽. 2009. 中国工业化进程中农村劳动力转移研究. 北京: 中国农业出版社: 39.

张宜松, 付强. 2008. 统筹城乡发展的制约因素及路径探讨. 安徽农业科学, (36): 6570-6572.

张应良, 周黎明, 官永彬. 2006. 重庆市农村剩余劳动力转移型态的实证分析. 中国农学通报
(1): 409-414.

赵耀辉. 1997. 中国农村劳动力流动及教育在其中的作用——以四川省为基础的研究. 经济研
究, (2): 30-39.

郑晓云, 徐卫彬. 2010. 关于我国农村剩余劳动力数量测算方法的研究述评. 西北人口, (6):
70-75.

周端明, 蔡敏. 2008. 中国城乡收入差距研究述评. 中国农村观察, (3): 66-74.

周天勇. 2001. 托达罗模型的缺陷及其相反的政策含义——中国剩余劳动力转移和就业容量扩
张的思路. 经济研究, (3): 75-82.

周振华. 1991. 现代经济增长中的结构效应. 上海: 上海三联书店.

朱劲松. 2009. 我国农村剩余劳动力转移理论研究及模型分析. 商业时代, (15): 8-9.

朱镜德. 1999. 中国三元劳动力市场格局下的两阶段乡—城迁移理论. 中国人口科学, (1): 7-12.

朱明宝, 杨云彦. 城市规模与农民工的城市融入——基于全国 248 个地级及以上城市的经验研
究. 经济学动态, (4): 48-58.

朱农. 2002. 论收入差距对中国乡城迁移决策的影响. 人口与经济, (5): 11-17.

朱农. 2005. 中国劳动力流动与"三农"问题. 武汉: 武汉大学出版社.

庄核. 2003. 试论农村剩余劳动力的转移与地区经济的发展. 惠州学院学报, (4): 103-106.

"中国城镇劳动力流动"课题组. 2002. 中国劳动力市场建设与劳动力流动. 管理世界, (3):
74-79.

Bhattacharyya A, Parker E. 1999. Labor productivity and migration in chinese agriculture: a stochastic
frontier approach. China Economic Review, (10): 59-74.

Bogue D J. 1969. Principles of Demography. New York: John Wiley.

Chan K W. 1982. Urbanization and rural-urban migration in china since 1982: a new baseline.
Modern China, 20(3): 243-281.

Chenery H, Robinson S, Syrquin M. 1986. Industrialization and Growth: A Comparative Study.
Oxford: Oxford University Press

Clark C. 1951. The Conditions of Economic Progress. London: MacMillan Press.

Dale W, Jorgenson. 1961. The development of a dual economy. Economic Journal, (202): 309-334.

Day R H, Dasgupta D, Datta S K, et al. 1987. Instability in rural-urban migration. The Economic
Journal, 97(388): 940-950.

Donald T, Rowland. 1992. China's rural transformation. Asia-Pacific Population Journal, 7(1): 3-26.

Du Y, Alberk P, Wang S G. 2004. Is migration helping china's poor? Inequality, labor market and
welfare reform in China. Australia National University, (8): 25-27.

Engle R F, Granger C W J. 1987. Co-integration and error correction: representation, estimation, and
testing. Econometrica, 55(2): 251-276.

Fei C H, Ranis G. 1961. A theory of economic development. American Economic Review, (4): 321-341.

Fei J, Ranis G. 1964. Development of the Labor Surplus Economy: Theory and policy. IIIionis: Irwin Homewood: Richard D. Irving.

Lasswell H D, Kaplan A. 1950. Power and Society, NH: Yale University Press: 71.

Kirkby R J R. 1985. Urbanization in China: Town and Country: In a Developing Economy 1949-2000 AD. New York: Columbia University Press.

Lewis W A. 1954. Economic development with unlimited supply of labor. The Manchester Schoof Economic and Social Studies, (22): 139-191.

Li C. 1996. Surplus rural laborers and internal migration in china: current status and future Prospects. Asian Survey, 36(11): 1122-1145.

Michael P, Todaro. 1969. A model for labor migration and urban unemployment in less Developed Countries. The American Economic Review, (59): 138-148.

North D C. 1981. Structure and Change in Economic History. New York: Norton & Company, lnc, : 201-202.

R. 科斯, A. 阿尔钦, D. 诺斯, 等. 1991. 财产权利与制度变迁. 上海: 上海三联书店.

Schultz T W. 1964. Transforming Traditional Agriculture. Chicago: University of Chicago Press.

Simon K. 1966. Modern Economic Growth, London: Yale University Press.

Stark O, Taylor J E. 1991. Migration incentives, migration types: the role of relative deprivation. Economic Journal, (408): 1163-1178.

Stoljar T. 1984. An analysis of rights. Ethics, 28(2): 102.

Todaro M P. 1969. A model for labor migration and urban unemployment in less developed countries. American Economic Review, (1): 138-148.